AF630227

Katrin Höfer

Das große Kegelbuch

Technik, Regeln und Wettbewerbe
Mehr als 100 Spiele von A-Z
Mit Kegel- und Kassenbuch für Clubs

2. vollständig aktualisierte und erweiterte Auflage

humboldt

Bibliografische Information der Deutschen Nationalbibliothek
Die Deutsche Nationalbibliothek verzeichnet diese Publikation
in der Deutschen Nationalbibliografie; detaillierte bibliografische Daten
sind im Internet über http://dnb.ddb.de abrufbar.

ISBN 978-3-89994-195-1 (Print)
ISBN 978-3-86910-853-7 (PDF)

Die Autorin: Katrin Höfer ist Journalistin und seit vielen Jahren passionierte Hobby-Keglerin. Sie steht in regem Kontakt mit vielen Clubs und hat viele Spiele und deren Regeln festgehalten.

Bei humboldt sind weitere Bücher der Autorin erschienen:
Ratgeber Bowling, Geschichte und Regeln – Ausrüstung und Technik.
ISBN 978-3-86910-162-0
Das passende Zitat für jeden Anlass. Witzig und geistreich. Mit praktischem Schnellsuchsystem.
ISBN 978-3-86910-003-6

Die historischen Abbildungen wurden dem Buch „Kegeln nach neuen Regeln" (humboldt, ht 243) von Horst A. Haas entnommen. Es sind Archivbilder des Münchner Kegelvereins, die dieser freundlicherweise dem Verlag zur Verfügung stellte.

2. vollständig aktualisierte und erweiterte Auflage

© 2008, 2012 humboldt
Eine Marke der Schlüterschen Verlagsgesellschaft mbH & Co. KG,
Hans-Böckler-Allee 7, 30173 Hannover
www.schluetersche.de
www.humboldt.de

Autor und Verlag haben dieses Buch sorgfältig geprüft. Für eventuelle Fehler kann dennoch keine Gewähr übernommen werden. Alle Rechte vorbehalten. Das Werk ist urheberrechtlich geschützt. Jede Verwertung außerhalb der gesetzlich geregelten Fälle muss vom Verlag schriftlich genehmigt werden.

Covergestaltung: DSP Zeitgeist GmbH, Ettingen
Innengestaltung: akuSatz Andrea Kunkel, Stuttgart
Titelfoto: Mauritius
Satz: PER Medien+Marketing GmbH, Braunschweig
Druck: Grafisches Centrum Cuno GmbH & Co. KG, Calbe

Hergestellt in Deutschland.
Gedruckt auf Papier aus nachhaltiger Forstwirtschaft.

Katrin Höfer

Das große Kegelbuch

Inhalt

Vorwort

Das Kegeln ist wieder im Kommen! Das belegen die Aussagen vieler Betreiber von Kegelbahnen, die vermehrt jüngere Kegler in ihren Häusern begrüßen. Dabei war das Kegeln nie wirklich „out“: Zahlreiche Kegelclubs pflegen über viele Jahre hinweg ihre regelmäßigen Treffen und eine eigene Kegelkultur.
Kegeln ist ein Spiel, dessen gesellschaftliche Popularität über alle Grenzen und Kontinente reicht. Millionen betreiben es regelmäßig als Freizeitsport. Es ist ein Spiel, das als Symbol für Frohsinn und Geselligkeit steht.
Dabei wird Kegeln auch von vielen Vereinen als Leistungssport betrieben, dem aber (leider) oft die Anerkennung und die Aufmerksamkeit der Medien fehlt.

Das hat seine Ursache möglicherweise darin, das dieser Sport seit Jahrtausenden als Gesellschafts- und Unterhaltungsspiel gepflegt wird. Dabei müssen sich sowohl die Sport- als auch die Hobby- und Freizeitkegler mächtig anstrengen, um die Kegel mit gezieltem Wurf zu Fall zu bringen!

In diesem Buch geht es ausschließlich um das Hobby-Kegeln in gemütlicher Runde.

Für diese große Mehrheit der Kegler ist hier alles Wissenswerte zusammengefasst: Die Geschichte des Kegelns wird ebenso behandelt wie die wichtigsten Kegelspiele und die Grundlagen der Gründung eines Kegelclubs.

Das „richtige" Kegeln kommt ebenfalls nicht zu kurz, mit Erläuterungen über den richtigen Anlauf und das richtige Werfen.

Abgerundet wird dieses nützliche Buch durch eine beispielhafte Satzung eines Kegelclubs und ein kleines Lexikon der Kegelbegriffe, dazu einige Adressen. Vielleicht ist dieses Buch ja der Auslöser dafür, dass Sie sich künftig dem Kegelsport widmen und in einem „richtigen" Verein spielen!

Dieses Buch will Ihnen eine Hilfe sein, damit auch Sie künftig viel Spaß an diesem traditionsreichen Sport finden und möglichst viele schöne Abende in geselliger Runde erleben.

In diesem Sinne wünsche ich Ihnen allzeit „Gut Holz"!

Katrin Höfer

1 Die Geschichte des Kegelns

Gekegelt wird seit mehr als 5 000 Jahren.
Heute gibt es mehr als 2 Millionen Hobby-Kegler!

Kegeln ist schon seit einigen tausend Jahren bekannt und zählt zu den ältesten Sportarten: Bei archäologischen Ausgrabungen in Ägypten fand man Teile eines Kinder-Kegelspieles, die mehr als 5 000 Jahre alt sind. Dabei sahen die Kegel damals den unsrigen heute täuschend ähnlich. Statt einer Kugel wurde damals aber wohl ein Stein genommen, was am eigentlich Zweck des Spiels aber nichts ändert.

Als Volksspiel wird das Kegeln urkundlich im Jahre 1157 in einer Chronik der Stadt Rothenburg ob der Tauber erstmals erwähnt. Ein junger und offenbar wohlhabender Mann hatte große Summen Geldes beim Kegeln verspielt. Von seinem Onkel wurde er zu folgendem Schwur genötigt: „Zehn Jahre lang kein Spiel, sei es Würfeln oder Kegeln, oder andere Spiele, womit man seinen Mitmenschen Verluste beibringt." Der junge Mann versprach weiter, dass er aus der Stadt ausgewiesen und sein gesamtes Vermögen eingezogen werden solle, wenn er den Schwur breche.

In anderen Gemeinden wurde das Wettkegeln gleich ganz verboten. Wir lernen: Früher war Kegeln ein Wettsport, bei dem es um viel Geld ging.

Das belegen auch andere Quellens der 2. Hälfte des 13. Jahrhunderts, z. B. der in der Nähe von Bamberg beheimatete Magister und Rektor Hugo von Trimberg, der sich gegen das Kegeln engagierte.

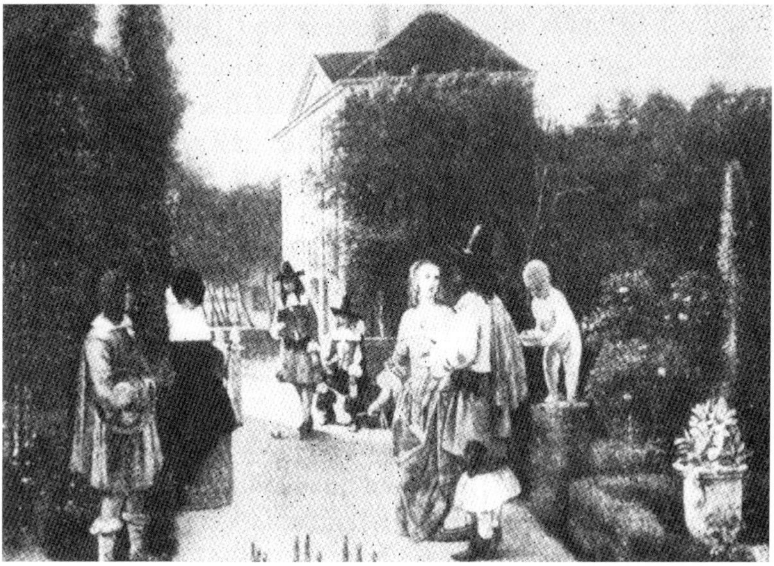

Abbildung 1

Allerdings betraf dies wohl eine eher kleinere Zahl an notorischen Spielern und Betrügern. Auf Volksfesten behielt das Kegeln seine harmlose Form.

Aber nicht nur das Volk, sondern auch die Geistlichkeit, die Höfe der vielen Fürstenhäuser und auch die Stadtväter selbst waren dem Kegeln zugetan. In deutschen Klöstern wurde das Kegelspiel sogar mit christlichen Absichten gespielt: Der Kegel versinnbildlichte das Böse. Erste Besitzer eigener Kegelbahnen waren die Kirchengemeinden. Zur Zeit der Reformation gab es auch eine Reformationsverordnung von 1529 aus Basel, die sich mit dem Kegeln befasste: An Sonn- und Feiertagen durfte während des Gottesdienstes und vor ein Uhr Mittags nicht gekegelt werden.

In einer Augsburger Chronik wird erstmals 1470 das Kegeln erwähnt: 1463 fand in der „Frankfurter Patrizier Gesellschaft Limburg“

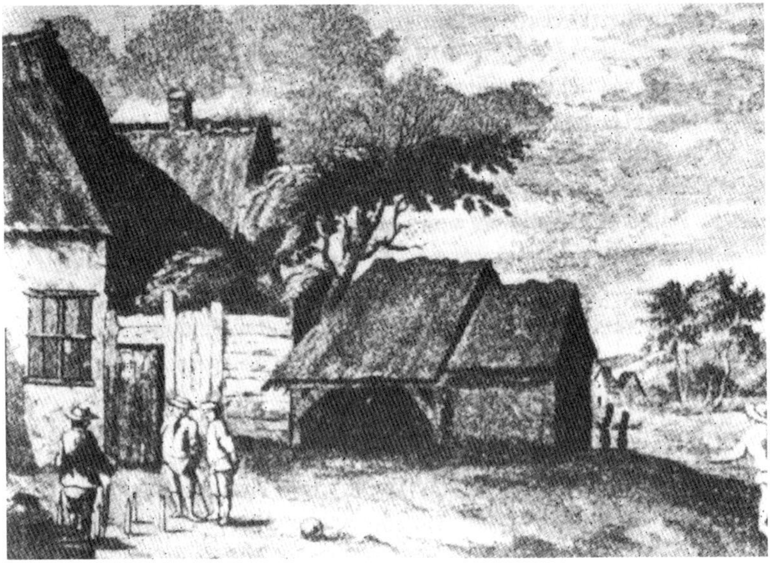

Abbildung 2

ein Kegeln statt, für welches „jedes Mitglied drei silberne Kleinode ausgesetzt hatte". Aus der Französischen Revolution stammt ein Flugblatt, das einen Offizier und einen Geistlichen beim Spiel mit 15 Kegeln zeigt.

Bilddokumente schufen im 17. Jahrhundert holländische Maler: Von *David Teniers dem Älteren* (1582–1649) stammt das Bild „Vier Bauern beim Kegelspiel" (siehe Abbildung 2). *Pieter de Hooch* (1629 bis 1683) malte sein Kegel-Bild während seiner Delfter Zeit 1665 bis 1665 (Abbildung 1). Es belegt, dass das Kegeln auch beim Hochadel sehr beliebt war, und dass man bereits vor über 300 Jahren mit 9 Kegeln inklusive eines „Königs"(!) gekegelt hat (siehe Anhang, Kegel-Lexikon).

„Schiffer und Bauern beim Kegelspiel" heißt ein weiteres historisches Bild, das hier in diesem Buch abgebildet wird. Es wurde

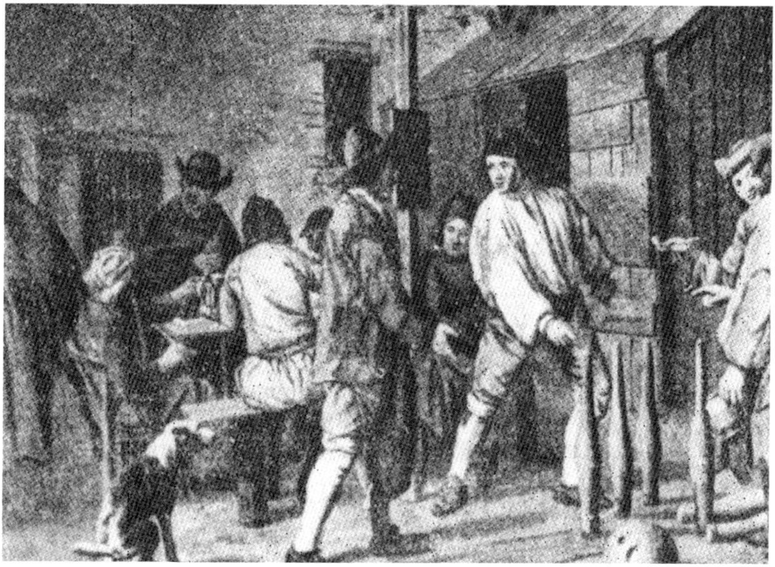

Abbildung 3

von Jan Horemanns im 17. Jahrhundert gemalt (Abbildung 3). 1786 schrieb der Berliner Mediziner und Gelehrte Johann Georg Krünitz in seinem 242-bändigen Lexikon erstmals von „13 Regeln für das Kegelspiel“, z. B. dass nicht übergetreten werden darf und die Kugel vor einer bestimmten Markierung aufgesetzt werden muss.

Auch die Dichter Friedrich Schiller und Johann Wolfgang von Goethe waren eifrige Anhänger des Kegelns, die gerne in Weimar gekegelt haben. Zu Beginn des 19. Jahrhunderts gab es erste Gründungen von Spielgemeinschaften, die das Kegeln regelmäßig betrieben.

Gleichzeitig entstand in Nordamerika das Bowlingspiel. Süddeutsche Einwanderer wollten in den USA nicht auf ihre „Schwäbische Lattenbahn“ verzichten und führten das Spiel dort ein. Allerdings gab es in der Neuen Welt Probleme mit dem Kegeln, da es (wie aus Europa gewohnt) oftmals im Zusammenhang mit hohen Wettein-

sätzen betrieben wurde. Das „Spielen auf neun Kegel" wurde schließlich verboten. Findige Kegler kamen dann aber auf die Idee, durch einen 10. Kegel das Verbot zu umgehen – das Bowling war geboren. Im Laufe der Zeit hat sich das Kegeln in seinen vier Varianten zu einem echten, anerkannten Leistungssport entwickelt, der in hohem Maße technische Fähigkeiten und Kondition verlangt und seine Anziehungskraft auch auf junge Leute ausübt.
Heute gibt es Schätzungen, dass mehr als 2 Millionen Hobby-Kegler regelmäßig zur Kugel greifen. Hinzu kommen die vielen Sportkegler, die in Vereinsmannschaften für Meisterschaften trainieren.

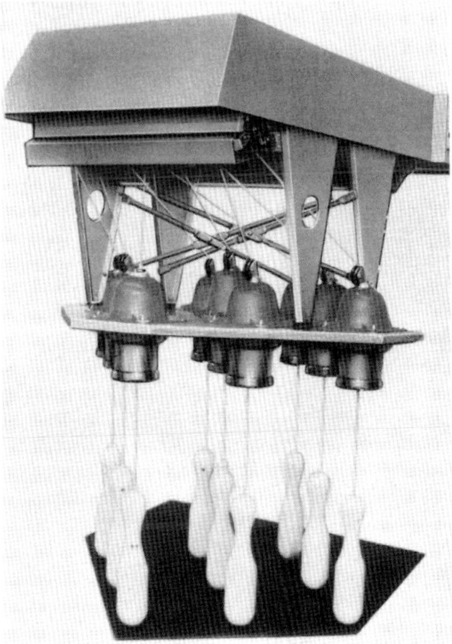

Innenansicht eines Seil-Kegelautomaten aus den 1960er Jahren. Heute funktionieren die automatischen Kegelaufstellmaschinen ohne Seil und mit elektronischer Unterstützung.

2 Bahnen, Kegel und Kugeln

Es gibt vier Bahnenarten: Die Asphalt-, Bohlen-, Scheren- und Bowlingbahn. Die Kegel haben eine einheitliche Größe, die Kugeln einen Mindest- und Höchstwert für Umfang und Gewicht.

2.1 Die Asphaltbahn

Die Asphaltbahn ist (nach der Bowlingbahn) der am weitesten verbreitetste Bahntyp im deutschsprachigen Raum. Die Bahn ist 28,5 m lang und (wie die Bowlingbahn) vollständig waagerecht. Wie alle Kegelbahnen besteht die Asphaltbahn aus der Aufsatzbohle, der Lauffläche, dem Kegelstand und dem Kegelfang.

Der Belag der Asphaltbahn besteht aus Linoleum. Der Asphalt ist zwischen 2,5 und 3 cm stark und auf eine Betonschicht aufgezogen. Die Aufsatzbohle soll 5,5 m lang und 35 cm breit sein. Am Ende der Aufsatzbohle muss rechts und links der Bohle ein 5 cm breiter weißer Strich angebracht sein. Die Bahn wird an den Seiten von 14 cm hohen Holzbanden abgegrenzt, die eine lichte Weite von 1,50 m haben. Ab 1,20 m vor dem ersten Kegel verbreitert sich die Bahn auf jeder Seite um 10 cm, so dass sie auf der Höhe des ersten Kegels eine Breite von 1,70 m erreicht.

Der Kegelstand ist aus Holz gefertigt. Er wird rechts und links von den Schlagwänden begrenzt, die ebenfalls 1,70 m Weite haben. Die Schlagwände müssen mindestens 1,10 m hoch sein. Sie bestehen aus Holz und haben einen Vollgummibelag.

2.2 Die Bohlenbahn

Die Bohlenbahn ist vor allem in Norddeutschland gebräuchlich. Sie ist im Bereich Anlauf- und Aufsatzbohle identisch mit der Asphaltbahn. Die Länge der Bahn soll, gemäß Vorschriften des Deutschen Keglerbundes, 32,5 m betragen.
Die Kugellauffläche ist sehr verschieden von der Asphaltbahn: Sie ist aus Holz und gekehlt, der Kugellauf erfolgt in einer Rundung. Die Kehlung beträgt 1,5 mm nach 0,25 m, 3,0 mm nach 0,5 m und nach 0,75 m 4,5 mm. Diese Tiefe wird beibehalten bis 0,875 m vor dem ersten Kegel und verringert sich dann wieder: 3,0 mm bei 0,625 m, dann 1,5 mm bei 0,375 m vor dem ersten Kegel. Die Kugellauffläche ist über die gesamte Länge nur 25 cm breit.
Die Bahn hat eine Steigung von 10 cm von der Aufsatzbohle bis zum Kegelstand. Die 3 Vorderkegel müssen besonders gekennzeichnet sein (meist Ringmuster).

Auf Bohlen- und Scherenbahn darf nur mit Vollkugeln gespielt werden, dagegen ist auf der Asphaltbahn auch die Lochkugel (vergleichbar der Bowlingkugel) erlaubt. Auf der Bohlenbahn wird fast nur in die „Vollen“ gespielt.

2.3 Die Scherenbahn

Die Scherenbahn ist vornehmlich in Berlin, Hessen, Niedersachsen, Rheinland-Pfalz und dem Saarland anzutreffen. Sie ist nur 26,75 m lang und somit die kürzeste der drei Kegelbahnen. Als Material für die Aufsatzbohle werden Parkettbohlen mit einem Linoleumbelag

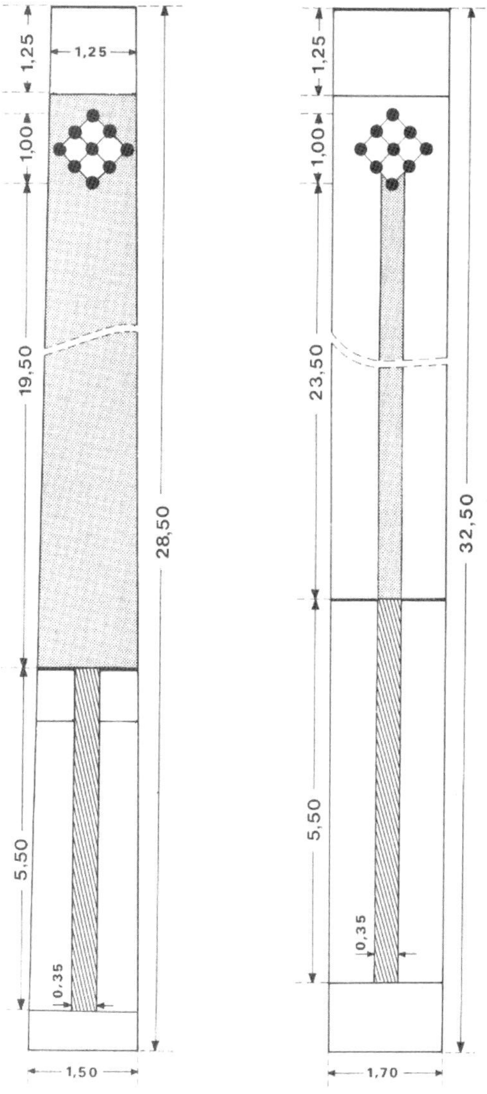

Asphaltbahn

Bohlenbahn

verwendet. Den Namen hat die Scherenbahn von der Besonderheit der Kugellauffläche. Diese ist (wie bei der Bohlenbahn) auf den ersten 9,5 m 35 cm breit, um aber dann scherenförmig bis auf 1,25 m auseinanderzulaufen.
Auch die Scherenbahn hat eine Kehlung: nach 0,25 m: 1,2 mm, nach 0,50 m: 2,4 mm, nach 0,75 m: 3,6 mm – bis 0,875 m vor dem ersten Kegel, von wo aus sich die Kehlung über 2,4 mm (0,625 m vor dem ersten Kegel) und 1,2 mm (0,375 m) bis auf Null (0,125 m) reduziert.

2.4 Die Bowlingbahn

Im Gegensatz zu den drei Kegelbahnarten hat die Bowlingbahn einen um fast einen Meter kürzeren Anlauf: 25,22 m. Der Anlauf und der Kugellauf bestehen über die gesamte Breite aus Parkettboden. Es gibt also keine eigene Auflagbohle.
Die Breite der Bahn beträgt zwischen 1,04 und 1,065 m. Der Anlauf *darf* nicht, der Kugellauf **muss** poliert werden, um der Kugel höchstmögliche Gleitfähigkeit zu geben. Rechts und links der Parkettbahn befinden sich Ablaufrillen, die die Kugel nach Verlassen der Bahn aufnehmen. Die Bahn verläuft waagerecht, ohne Kehlung und ohne Steigung.

Das Bowlingspiel wird in diesem Buch nicht weiter behandelt. Hier verweise ich auf mein bei humboldt erschienenes Bowlingbuch (ISBN 978-3-89994-061-9).

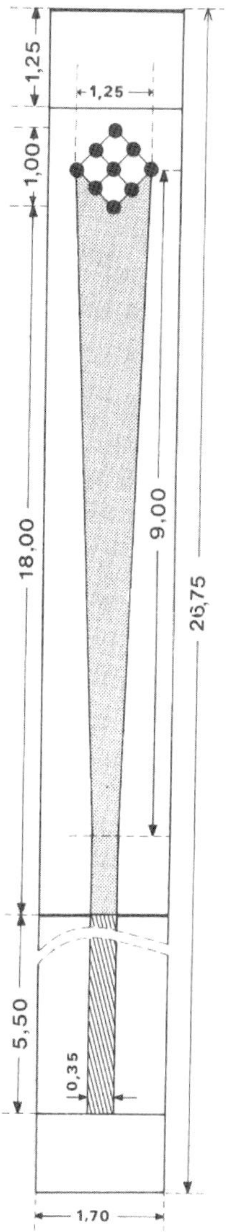

Scherenbahn

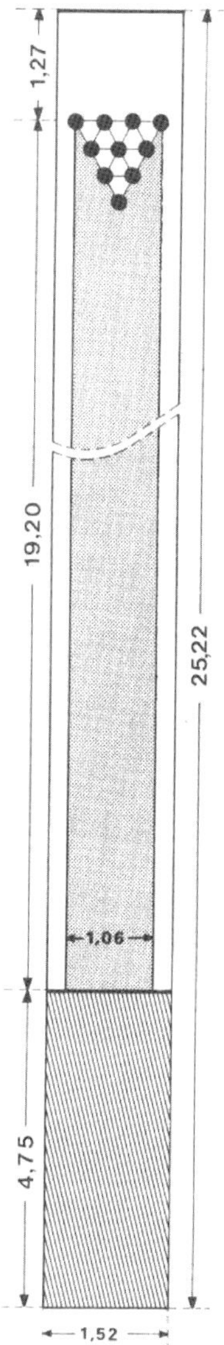

Bowlingbahn

2.5 Die Kegel

Auf Asphalt-, Bohlen- und Scherenbahn sind die Kegel identisch. Sie haben – mit Ausnahme des „Königs" – eine Höhe von 40 cm und wiegen zwischen 1750 und 1800 Gramm. Der „König" hat eine Größe von 43 cm und wiegt maximal 1850 Gramm.

Bowlingkegel haben alle die gleiche Höhe (es gibt keinen „König"): 38,1 cm. Ihr Gewicht muss zwischen 1350 und 1600 Gramm liegen.

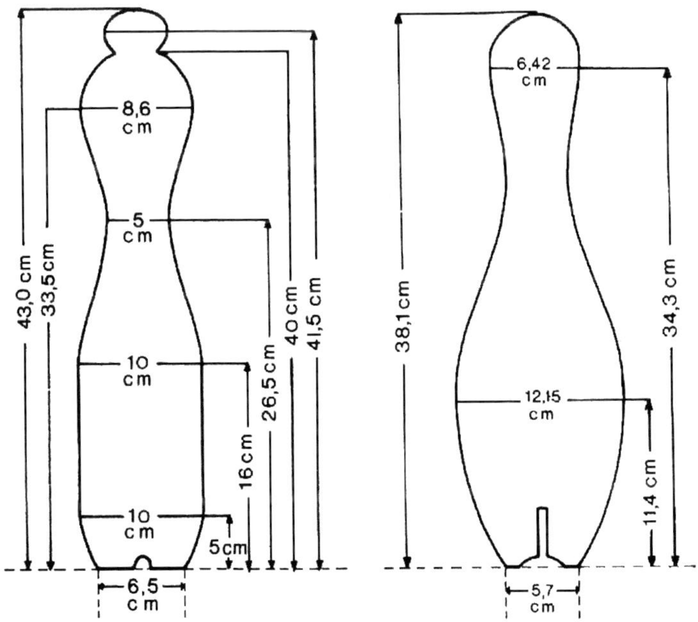

Auf Asphalt-, Bohlen- und Scherenbahn wird mit **neun** Kegeln, auf Bowlingbahnen mit **zehn** Kegeln gespielt.
Die neun Kegel werden als Quadrat aufgestellt, das mit der Spitze nach vorne zeigt.
Die zehn Bowling-Kegel werden als Dreieck gestellt mit 1 + 2 + 3 + 4 (= 10) Kegeln in der Anordnung.

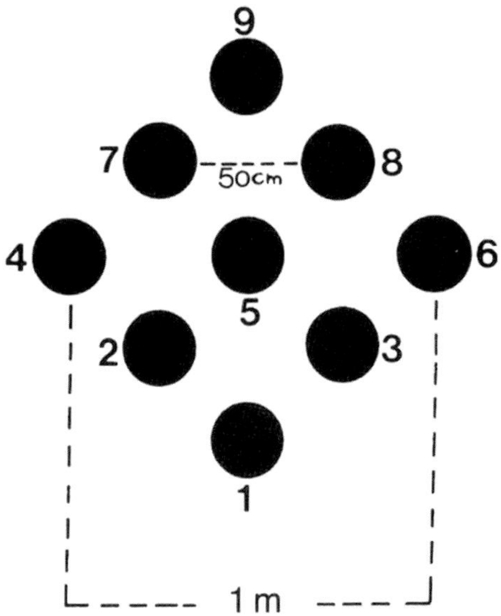

Die neun Kegel werden wie folgt bezeichnet:
1 = Vorderkegel
2 = linker Vordergassenkegel (linke Dame)
3 = rechter Vordergassenkegel (rechte Dame)

4 = linker Eckkegel (oder linker Bauer)
5 = Mittelkegel („König")
6 = rechter Eckkegel (oder rechter Bauer)
7 = linker Hintergassenkegel (auch linke Dame)
8 = rechter Hintergassenkegel (auch rechte Dame)
9 = Hinterkegel

Kegel werden heute aus Kunststoff hergestellt, früher waren sie aus Weißbuche. Sie sind 40 cm hoch und unterschiedlich schwer:

Kegel 1–3: 1750–1770 g
Kegel 4 und 6–9: 1750–1800 g
Kegel 5: 1850 g

2.6 Die Kugeln

Die Kugeln der Sportkegler sind aus Kunststoff, wiegen 2800 bis 2900 g und haben einen Durchmesser von 16 cm. Freizeitkegler benutzen oft unterschiedlich große Kugeln. Die kleinsten Kugeln werden auf der Asphalt- und Scherenbahn verwendet. Sie haben einen Durchmesser von 16 cm und müssen zwischen 2800 und 2900 Gramm schwer sein.

Die auf Bohlenbahnen verwendeten Kugeln müssen 16,5 cm im Durchmesser sein und wiegen zwischen 2800 und 2900 Gramm.

Selten, aber doch gebräuchlich sind sogenannte Lochkugeln. Diese haben 2 Löcher für Daumen- und Mittelfinger und sind der Bowlingkugel ähnlich.

Die mit Abstand größte Kugel wird auf der Bowlingbahn eingesetzt. Mit 21,8 cm Durchmesser hat sie stolze 7,25 kg Gewicht.

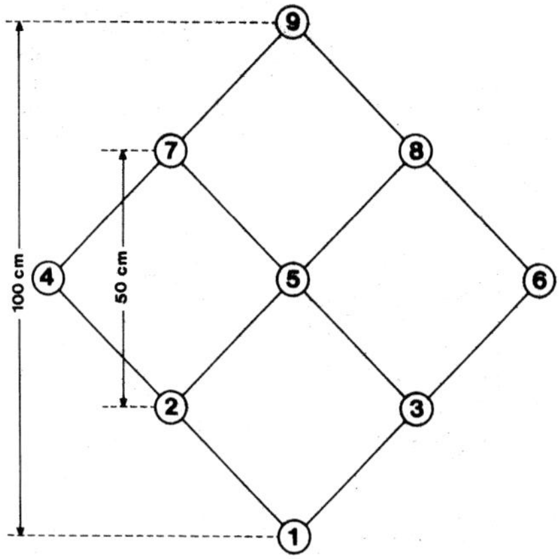

Stand der 9 Kegel auf der Asphalt-, Bohlen-, Scherenbahn

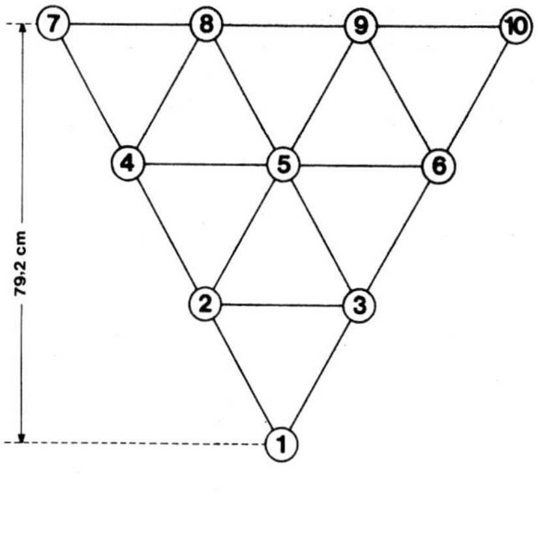

Stand der 10 Kegel auf der Bowlingbahn

3 Kegeln – Die richtige Technik

Die richtigen Schuhe, der richtige Anlauf, richtig zielen und werfen. Damit es mehr Spaß macht.

3.1 Die Ausrüstung

Für alle Freizeitkegler und besonders für die Anfänger sollen hier einige technische Grundregeln aufgeführt werden, damit sie eine Steigerung in diesem Hobby erfahren können.

Zunächst zur Kleidung: Tragen Sie etwas Leichtes, das Sie nicht in Ihren Bewegungen einengt. Ideal ist natürlich Sportkleidung, die aber in Kegelclubs selten getragen wird. Mit einer bequemen Freizeitkleidung liegen Sie immer richtig.
Als Schuhwerk sollten Sie Turnschuhe mit einer hellen Sohle verwenden, damit keine Striemen den Boden verunstalten. Ähnlich wie beim Tennis sollten die Zehen vorne im Schuh etwas mehr Platz haben, da durch das Abstoppen der Fuß im Schuh nach vorne rutscht. Es ist üblich, dass Turnschuhe zum Kegeln mitgebracht und gegen die Straßenschuhe getauscht werden.

Mit der Kugel sollten Sie sich langsam „anfreunden“, z. B. indem Sie sie langsam von einer Hand in die andere gleiten lassen. Achten Sie darauf, dass die Kugel nicht verschmutzt ist. Die Kugel sollte regelmäßig gereinigt werden.

TIPP

Tragen Sie Kleidung, die Sie nicht einengt. Nutzen Sie Sportschuhe mit heller Sohle, die etwas größer sind als Ihre Füße. Machen Sie sich mit der Kugel vertraut.

Probieren Sie aus, mit welcher Kugelgröße Sie am besten zurechtkommen. Machen Sie sich mit der Kugel vertraut. Wenn Sie eine „Lieblingskugel“ gefunden haben, dann nehmen Sie nur diese. Dadurch gewinnen Sie ein Gefühl für die Kugel und können sich so stetig verbessern.

3.2 Der Anlauf und der Wurf

Es kann überhaupt nicht schaden, wenn Sie sich vorher etwas aufwärmen, z. B. durch Dehnübungen.
Denn es ist immer schlecht, wenn man „kalt“ plötzlich den Körper beansprucht. Und das betrifft nicht nur den „Wurfarm“, sondern auch (als Ausgleich) den anderen Arm und vor allem die Beine.

Halten Sie die Kugel immer nah am Körper, das ist bequemer. Der Anlauf sollte mittels einer *rhythmischen 3-Schritt-Bewegung* erfolgen. Ein Rechtshänder beginnt mit dem linken Bein, ein Linkshänder mit dem rechten Bein zu laufen. Die Schrittfolge ist also links–rechts–links, beziehungsweise rechts–links–rechts. Nach dem

3. Schritt – hierbei erfolgt der Abwurf – kommt der abschließende Stoppschritt. Der wesentliche Schritt ist also der dritte. Man beachte beim dritten Schritt, dass eine möglichst tiefe Kniebeuge (Ausfallschritt) gemacht wird, wobei der Oberkörper weit nach vorn geneigt ist.
Rechtshänder setzen die Kugel dann neben dem linken Fuß auf, Linkshänder entsprechend neben dem rechten Fuß.

Da eine Leistungssteigerung nur durch einen **geraden**, immer wiederholbaren Wurf erreicht werden kann und nicht durch willkürliche Bogenwürfe, sei hier noch ein Tipp gegeben, wie man einen ziemlich geraden Wurf erzielt:

- Dreht man beim Abwurf bewusst den Ellbogen der Wurfhand zum Körper (in die Seite) hin, öffnet sich die Wurfhand automatisch gerade. Dies kann jeder auch ohne Kugel selbst ausprobieren.
- Wichtig ist auch der gezielte Abwurf. Dieser sollte stets über einen *fixierten Punkt* zum Kegelbild erfolgen. Die Grundhaltung (beim Start) soll so sein, dass der Arm neben dem Körper möglichst gestreckt nach unten gehalten wird. Beim ersten Schritt wird dieser Arm noch weitgehend ruhig gehalten. Erst beim 2. Schritt pendelt er leicht nach hinten und holt Schwung. Beim 3. Schritt erfolgt dann der gezielte Abwurf, wobei der Arm mit dem Schwung nach vorn gezogen wird.

Die Kugel wird dabei *dicht neben dem vorderen Fuß* aufgesetzt und losgelassen. Beim Aufsetzen muss die Hand, wie oben beschrieben, *weit geöffnet* sein. Ein zu langes Halten der Kugel würde die gewünschte Laufrichtung verändern.

Sowohl der Anlauf als auch der Abwurf muss immer in gerader Richtung zum Kegelbild erfolgen. Ein „Zickzack-Anlauf" und ein „runder Armschwung" beim Abwurf hat in den meisten Fällen einen unkontrollierten Wurf zur Folge und ist auch für die Arm- und Schultergelenke nicht ideal.

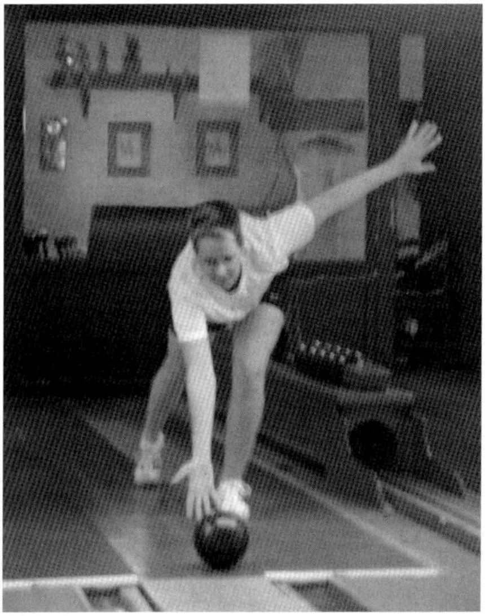

© Jennifer Kunze

Jennifer Kunze, die deutsche Vizemeisterin von 2007, zeigt hier die richtige Haltung beim Wurf.

Es soll nochmals darauf hingewiesen werden, dass diese Regeln die wichtigsten sind, die man beachten soll. Sie gelten auf allen Bahnarten. Eine grundsätzliche Ausnahme macht das Bauernwerfen auf der Scherenbahn. Hierbei muss man von der Grundtechnik abweichen, indem man eine leichte Drehbewegung aus dem Handgelenk nach links oder rechts, je nachdem, welcher Bauer geholt werden soll, hinzufügt. Alle übrigen Würfe aber sollen nach Möglichkeit mit einem geraden Wurf ausgeführt werden.

TIPP

- Üben Sie den Bewegungsablauf der „3 Schritte“ gut ein.
- Schauen Sie nicht auf die Kegel, sondern auf den Fixierpunkt.
- Die Kugel nah am Körper halten und neben dem Fuß aufsetzen.
- Dabei immer in gerader Richtung werfen.

4 Kegelclub und Organisation

Wie im wirklichen Leben: Wo mehrere Menschen etwas tun, muss es Regeln geben!

4.1 Vorbemerkung

Zu einem ordentlichen Kegelabend gehören 10 bis 14 Personen, wobei es ideal ist, wenn Männer und Frauen zu gleichen Teilen vertreten sind. Es liegt also in der Natur der Sache, dass man, wenn man sich für das Kegeln interessiert, entweder einem Club beitritt oder gleich selber einen Club gründet. In den nachfolgenden Kapiteln geht es um die Gründung eines Clubs und alles, was man hierfür bedenken muss.

4.2 Die Gründung eines Kegelclubs

Einen neuen Kegelclub zu gründen, bedarf schon einiger grundsätzlicher Überlegungen. Man wird zunächst aber versuchen, einem bestehenden Club beizutreten. Gelingt dies nicht – sei es, weil man nicht die richtigen Leute kennt oder weil in bekannten Clubs kein Mitgliedsplatz mehr frei ist –, so sollte man sich durchaus der Herausforderung stellen und einen eigenen Kegelclub gründen.

Folgende Überlegungen sind dabei wichtig:

- Welchen Gesellschaftskreis will ich ansprechen? Welche Altersgruppe? Leute gleicher Interessen wie Arbeitskollegen oder Sport-

freunde? Oder vertraut man darauf, dass sich das Gemeinschaftsgefühl durch das gemeinsame Kegelinteresse einstellen wird?
- Soll der Club nur männliche oder nur weibliche Mitglieder aufnehmen? Oder will man einen gemischten Club?
- Wie viele Mitglieder sollen dazugehören?
- Soll später eher das Gesellige oder mehr das Kegeln im Vordergrund stehen?
- Wo kann gekegelt werden?
- An welchem Tag und in welchem Rhythmus sollen die Kegelabende stattfinden?
- Wie werbe ich Mitglieder für den neuen Club?

Mit all diesen Fragen wollen wir uns hier näher beschäftigen.

Die meisten Kegelclubs haben sich wohl aus Kreisen gebildet, die schon vorher Gemeinsamkeiten aufwiesen. Diese können in der Zugehörigkeit zum gleichen Verein, zum Betrieb oder einer sonstigen Organisation bestehen, aber oft auch in dem Umstand, dass man in derselben Straße wohnt oder ganz einfach die gleichen Hobbys hat.
In einem solchen Falle ist die Werbung von Mitgliedern wahrscheinlich nicht besonders schwierig, da man sich untereinander bereits kennt. Man kann sich einfach unverbindlich einmal umhören, wer Interesse hat.
Umso schwieriger gestaltet sich die Aktion, wenn eine solche Basis fehlt. Dann bleibt als bester Ausweg nur die Kleinanzeige in der Lokalzeitung.

Eine solche Anzeige sollte auffallen, sie sollte sich von den vielen anderen einer Zeitung positiv abheben, entweder dadurch, dass sie fett gedruckt erscheint, oder dadurch, dass man ihr einen Rahmen gibt.

Das Internet biete auch hier ganz neue Möglichkeiten, z. B. bei www.alle9.de

In der Anzeige sollte man angeben:

- Art des Clubs
- Kegelbahn
- Altersgruppe
- gewünschte Kegelerfahrung
- wann und zu welcher Zeit gekegelt wird
- besondere Eigenarten der Mitglieder (zum Beispiel Fröhlichkeit, Vorliebe für gutes Essen, Sängernaturen usw.)
- Kontaktadresse.

Beispiel:

KEGELCLUB „Die Holzmichel"

sucht noch 2 Pärchen (30–45 J.), auch Anfänger, freitags abends ab 20 Uhr im „Goldenen Krug". Bei uns wird immer viel gelacht! Anfragen an Peter Müller, Tel.: Ö; E-Mail/Internet

4.3 Die verschiedenen Arten eines Kegelclubs

Drei Formen von Kegelclubs muss man unterscheiden: den „reinrassigen" Männerclub, den „reinrassigen" Damenclub und den gemischten Club.

Allgemein charakterisieren sich diese Clubs so:

- **Der „reinrassige" Männerclub** stellt zumeist das Kegeln und das Wetteifern miteinander dominant in den Vordergrund.
- Der „reinrassige" Damenclub kann durchaus auch eine sehr engagierte Kegelgruppe werden. Aber auch der Plausch, das gesellige Unterhalten werden nicht zu kurz kommen.
- Der gemischte Kegelclub dagegen hat sehr unterschiedliche Ausprägungen, die sowohl in die eine als auch in die andere Richtung tendieren. Hier hängt es oft vom Präsidenten ab, welche „Linie" der Club verfolgt.

4.4 Die Zahl der Mitglieder, die Kegelbahn und feste Termine

Es gibt unterschiedliche Auffassungen darüber, wie stark ein Club sein soll. Doch lässt sich aus der Vielfalt der Ansichten eines herauskristallisieren:

Die optimale Stärke liegt bei 10–14 Mitgliedern.

Hat man weniger als 10 Mitglieder zu verzeichnen, so ist die Gesellschaft schon etwas zu klein; es kommt dann auch oftmals keine richtige Stimmung auf.
Des Weiteren muss man damit rechnen, dass es immer wieder mal Ausfälle gibt, bedingt durch Krankheit, Urlaub oder ganz einfach durch andere Vorhaben am Kegelabend, sodass die durchschnittliche Zahl der Anwesenden noch tiefer liegen wird. Mit 12 Mann lässt sich dagegen schon ein geordneter, regelmäßiger Betrieb aufrechterhalten, besser noch mit 14. Dann ist man gegen Ausfälle ziemlich abgesichert.

Über 14 Mitglieder sollte man allerdings auch nicht hinausgehen, weil sonst an den Tagen, an denen alle anwesend sind, die Spiele zu lange dauern. Man kommt zu selten an die Kugel. Die Folge wird Unkonzentriertheit sein, die schließlich in Langeweile münden kann. Als optimale Stärke ist daher zu empfehlen: **14 Mitglieder.**
Im Vorfeld einer Clubgründung wird es sicherlich das größte Problem sein, eine geeignete Kegelbahn finden. Denn einerseits sollte sie zentral und möglichst für alle nahe liegen, damit man nach feucht-fröhlichem Abend auch einmal zu Fuß nach Hause gehen kann. Andererseits sollte sie aber auch über gute noch freie Termine verfügen.
Begehrte Termine sind die Wochenendtage Freitag und Samstag, vor allem abends von 20.00 bis 24.00 Uhr.

Man sollte eine Bahn in der Nähe mit einem ungünstigen Terminplan einer weiter entfernten mit besserem Terminangebot vorziehen. Es wird sich später sicher noch eine Gelegenheit ergeben, durch Weggang oder Auflösung eines anderen Clubs auf einen besseren Termin „rüberzurutschen“.

Bei der Wahl der Kegelbahn sollte man auch darauf achten, dass man nach Möglichkeit eine als Bundeskegelbahn gekennzeichnete Bahn belegt. Diese Bahnen sind genormt, und das Kegeln lässt sich hier leichter erlernen.

Da diese Bahnen über elektrische Stellautomaten bedient werden, sollte man sich vorher genauestens in die Handhabung einweisen lassen, weil es hier unterschiedliche Systeme gibt. Im schlimmsten Fall ist überhaupt niemand anwesend, der mit dem Automaten umzugehen weiß. Das kann beim Spielen unliebsame Verzögerungen verursachen.

Die Frage, wie oft man kegelt, ist zunächst vom Terminangebot der Kegelbahn abhängig. Als guter Rhythmus erwies sich zum Beispiel alle 2 Wochen am gleichen Tag.

Hat man nämlich glücklich einen Samstagabend belegt, so bleibt zwischendurch immer wieder ein Wochenende frei, um anderen Hobbys und Dingen nachgehen zu können. Außerdem lässt bei wöchentlichem Kegeln der Reiz an den Kegelspielen sehr schnell nach.

4.5 Das erste Treffen, Clubname, Organisation und Satzung

Hat man nun die Mitglieder alle zusammen, so vereinbart man am besten den ersten Treffpunkt auf der Kegelbahn selbst, die man vorher reserviert hat. Grundlegende Gedanken über die Organisation im Club sollte man sich dabei schon gemacht haben, und man sollte natürlich gleich ein paar kleine Spiele im Programm haben. Diese dürfen aber nicht zu schwierig sein, sowohl, was den spieltechnischen Ablauf, als auch, was das Können betrifft.

Zu einem richtigen Kegelclub gehört auch ein zünftiger, möglichst unverwechselbarer Name. Die nachfolgenden Beispiele zeugen von der Vielfalt und der Fantasie vieler Clubs.

„Die Holzmichel“
„Die Pudelwerfer“
„Alle Neune“
„Die wilden Zwölf“
„8 Wackeln“
„Einer fällt immer“
„Schluck und Wurf“
„Plattenputzer“
„Die Lasso-Werfer“
„Gut Holz“
„Die Scheibenstreichler“
„Einer steht immer“
„Club 72“

„Das treffsichere Dutzend“
„Die Holzwürmer“
„Die Jungspunde“
„Stramm vorbei“
„Viel Holz“
„Die Streitköpfe“
„Die Holzsammler“
„Die Kegelhasen“
„Goldene Gasse“
„Die Pudelkönige“
„Die kleinen Strolche“
„Die Stina-Kegler“
„Die Lustwerfer“

„Die Kranzwerfer“
„Die fröhlichen Sänger“
„Die Fremdenlegionäre“
„Die Abräumer“
„Die Sonntagskegler“

Nach der Gründungsversammlung sollte jeder Club Richtlinien für die Gestaltung des Clublebens festlegen, um spätere Meinungsverschiedenheiten zu vermeiden. Die Richtlinien kann man in Form einer kleinen Satzung oder auch nur in Notizen festhalten. Jedoch sollten sie allen bekannt sein, sodass jeder sich auch daran halten kann.
In diesem Kapitel wollen wir einige Regelungen und Funktionen ansprechen, die für den Kegelclub ins Auge gefasst werden sollten.

Gleich zu Beginn sollte man sich schon Gedanken darüber machen, ob und wie neue Mitglieder aufgenommen werden. Es gibt hier mehrere Möglichkeiten. Ein Modell, das vielerorts praktiziert wird:

Jeder Gast, der für eine eventuelle Mitgliedschaft in Frage kommt und auch seine Bereitschaft erklärt, muss zunächst ein 3-maliges Gastkegeln absolvieren, ehe über den Antrag auf Mitgliedschaft entschieden wird.

Aus Erfahrung weiß man, dass eine allzu schnell beschlossene Mitgliedschaft manchmal ein Fehlgriff für beide Parteien sein kann. Ein 3-maliges Gastkegeln gibt beiden Teilen, sowohl dem Club als auch dem neuen Kegelfreund oder Paar, die Möglichkeit, sich erst ein wenig zu „beschnuppern“ und herauszufinden, ob man denn überhaupt zusammenpasst.

Am 4. Kegelabend sollte man dann zur Abstimmung kommen, sofern der Antrag noch aufrechterhalten wird. Zu diesem Abend lädt man zweckmäßigerweise den/die betroffenen möglichen neuen Kegelbrüder und -schwestern nicht zum Kegeln ein, um sich frei aussprechen und die Abstimmung ohne Beeinflussung durchführen zu können. Für die Abstimmung darüber, wer künftig als Mitglied zum Club gehören soll, ist es sinnvoll, mindestens eine *Zweidrittelmehrheit* vorzuschreiben, wenn nicht gar die Übereinstimmung aller Mitglieder.

Das Problem des Gastkegelns sollte auch gelöst und formuliert werden. Es wird nämlich immer wieder in Gesellschaftsclubs vorkommen, dass man Bekannte oder einen Besuch von zu Hause zum Kegeln mitbringen möchte.
Als gangbare Regelung für dieses Problem sollte Folgendes zum Anhalt dienen:

- Gastkegler können von *jedem Mitglied* mitgebracht werden (jedoch sollte man im gemischten Club auch nur Paare zulassen).
- Bringt jemand Gastkegler mit, so *informiert* er vorher den Clubpräsidenten.
- Es muss sichergestellt sein, dass eine Höchstzahl von *16 Personen* insgesamt mit den anwesenden Mitgliedern nicht überschritten wird.

Als Beitragsgrundlage für die Gastkegler sollte man den Clubbeitrag + eine Erhöhung um 25–50 % fordern. Natürlich kommen verlorene Spiele und alle anderen üblichen Strafen noch dazu. Gast-

kegler, auch wenn sie oft mitkegeln, *partizipieren nicht* an der Kegelkasse, das heißt: Ihnen wird niemals etwas ausbezahlt, obwohl sie einzahlen.
Gastkegler sollte man grundsätzlich positiv sehen, denn es tritt immer wieder der Fall ein, dass ein Mitglied abwandert oder beruflich versetzt wird. Und dann braucht man ganz einfach plötzlich ein neues Clubmitglied, um die Mitgliederzahl zu halten.

4.6 Der Tafelanschrieb, Ämter und Funktionen

Welche Funktionen sind denn eigentlich durch eine entsprechende Wahl im Kegelclub zu besetzen?
Da gibt es zunächst einmal den Spielführer, der die Spiele und die Einhaltung der Regeln überwacht. Aber natürlich muss noch ein Oberhaupt, der Präsident, bestimmt werden und (wichtig!) der Mann, der mit den Geldern umzugehen hat, der Kassierer oder *Kassenwart*.

Dabei fallen im Einzelnen den Genannten folgende Aufgaben zu:

- **Der Präsident** ist das gewählte Oberhaupt. Er überwacht die Einhaltung einer eventuell erlassenen Satzung und repräsentiert natürlich den Club nach außen hin, beispielsweise gegenüber anderen Clubs und Vereinen.
- **Der Kassenwart** führt die Kassengeschäfte, ermittelt die von Mitgliedern und Gastkeglern zu zahlenden Strafen und Beiträge und zieht sie ein. Er hat über alle Geldbewegungen Buch zu führen

(s. Kegelbuch). Darüber hinaus ist er auch für die Verwahrung des Geldes verantwortlich.

- **Der Spielführer** ist für den Spielablauf zuständig. Er überwacht die Einhaltung von Regeln, führt Übersicht, zum Beispiel über die Klubmeisterschaft und Spielrekorde, und organisiert die Teilnahme an Wettkämpfen.

Eine ganz wichtige Funktion bei jedem Kegelabend übernimmt der sogenannte Anschreiber

Auf dem Schaubild (rechte Seite) wird gezeigt, wie der Tafelanschrieb zweckmäßigerweise aussehen kann. Ein sauberer Tafelanschrieb kann den Spaß am Kegeln wesentlich fördern, da jeder seine Ergebnisse gut verfolgen kann. Nichts ist schlimmer als eine unsaubere Tafel, an der sich außer dem Schreiber vielleicht keiner mehr zurechtfindet. Zudem erlaubt ein guter Anschrieb eine bessere Kontrolle seitens aller, denn Fehler unterlaufen selbst dem besten Anschreiber.

Anschreiben kann natürlich am Anfang nur ein Mitglied, das die Kegelspiele einigermaßen kennt. Mit der Zeit wird jeder Club seine Lieblingsspiele haben, die jedem in Fleisch und Blut übergehen.
Wenn man so weit ist, kann man den Anschreiber reihum wechseln lassen. Es gibt viele Clubs, bei denen äußerst scharf überwacht wird, wer an der Reihe ist.
Welche Spiele nun gespielt werden sollen, regelt entweder – wie vielfach üblich – der Tafelanschreiber oder aber der zu wählende Spielführer. Der Betreffende sollte sich schon zu Hause Gedanken

BEISPIEL EINES TAFELANSCHRIEBS

SPIEL: ____________

NAME		Pkte	9er	PUD.	VERLORENE SPIELE	
DIETER		1		///	𝍸 1,50	= 3.70
HEIDRUN		6			/–	= 0.90
CHRISTIAN		4			// 40	= 1.40
ULLI		3			𝍸 //–	= 2.10
WOLFGANG		6	9			= 0.40
ANNELIE		5			///	= 1.20
ALFRED		2		//	𝍸 /– 1,10	= 3.40
ELVIRA		2		////	𝍸 ///	= 3.00
PETER		3			/ 70	= 1.50
MARIA		4		/	///–	= 1.50
HANS-DIETER		6	9,0	/		= 0.40
USCHI		1		//	//// 2,30	= 4.10

darüber machen, welche Spiele er durchführen will und wie die genauen Regeln bei schwierigeren Spielen lauten.
Vor Beginn eines jeden Spieles weist er dann ganz kurz auf die wesentlichen Merkmale nochmals hin, sodass jedem der Ablauf verständlich ist.

4.7 Die Satzung und Wahlen

Es empfiehlt sich für jeden Gesellschaftsclub, die Regeln, die man sich selbst gegeben hat, in Form einer kleinen Satzung niederzuschreiben und zu verteilen. Das hat auch den Vorteil, dass man neuen Mitgliedern nicht erst große Einweisungen über Regelungen geben muss; man drückt ihnen einfach ein Exemplar der Satzung in die Hand, und schon können sie sich umfassend über ihren neuen Club informieren
Wie eine solche Satzung aussehen kann, ist anhand eines Beispiels im Anhang des Buches (Seite 160) dargestellt.

Wie wählt man nun den kleinen „Kegelvorstand“?

In der Regel geschieht dies alljährlich am Ende eines Kegeljahres, wenn Kegeltour und Klubmeisterschaft vorbei sind. Viele Kegelclubs verfahren dabei so, dass die zu besetzenden Funktionen immer reihum weitergegeben werden, andere wählen zum Beispiel auch den Präsidenten für die Gesamtdauer des Bestehens. Mehr Spaß hat man aber, wenn man echte freie Wahlen durchführt, die man unter Umständen auch recht zeremoniell – wie bei richtigen Vereinen – durchführen kann.

Natürlich ist das nun Folgende nicht tierisch ernst zu nehmen; vielmehr ist es wie alles, was zum Gesellschaftskegelclub gehört, vornehmlich als Spaß zu verstehen.
Am Ende des Kegeljahres prüft man zunächst die Kasse mit 2 Kassenprüfern. Man entlastet den alten Vorstand, wählt einen Versammlungsleiter und lässt Kandidaten vorschlagen, die dann geheim gewählt werden sollen. Zuvor kann man jedem Kandidaten die Möglichkeit geben, in einer kleinen Tischrede seine Vorzüge herauszustellen. Nach der Wahl werden der neue Präsident und der neue Kassierer wie auch der neue Spielführer feierlich in ihr Amt berufen. Der frischgewählte Präsident bedankt sich bei seinen Mitgliedern – oder auch nicht – und dankt vor allem den ausgeschiedenen für „ihre Arbeit". Der ausgeschiedene Präsident wird den Alterspräsidenten zugeordnet, die die Funktion eines Schlichtungsausschusses ausüben (Ehrengericht). Dieser wird immer dann bemüht werden, wenn besondere Probleme zu klären sind.

Was den Spielführer betrifft, so kann ich nur raten, ihn nicht zu oft zu wechseln. Dieses Amt sollte man für längere Zeit besetzen und einen Freiwilligen beauftragen, der sehr gut über alles, was mit dem Kegeln zusammenhängt, Bescheid weiß.

4.8 Kegelbuch und Kasse

Um einen Überblick über die verschiedenen Strafen und Beiträge zu gewinnen, ist es notwendig, ein Kegelbuch anzulegen. Im Schreibwarenhandel gibt es fertig vorgedruckte Kegelbücher zu kaufen. Wer diese Ausgaben scheut, kann sich anhand des Schemas auf Seite 170 ff. das Kegelbuch selbst anfertigen und in einen Ringordner heften oder diese Seiten als vorläufiges Kegelbuch verwenden.

Der Tafelschreiber vermerkt jedes Spiel an der Tafel, und erst am Ende des Abends überträgt der Kassenwart die Summen in sein Kegelbuch.

Das hat den Vorzug, dass die Ergebnisse (s. auch Abschnitt „Tafelanschrieb") über den ganzen Abend für jeden Spieler sichtbar bleiben. Man kann ständig kontrollieren, ob richtig notiert wird. Der Kassenwart braucht nur einmal sein Kegelbuch am Endes des Abends aufzuklappen und auf den neuesten Stand zu bringen und kann sich ansonsten, wie alle anderen, dem Kegeln widmen.
Der Mitgliedsbeitrag oder Clubbeitrag ist im Grunde dafür da, die anfallenden Kosten für die Kegelbahn abzudecken. Wenn also eine Bahn zum Beispiel 14,00 Euro pro Abend kostet und der Club aus 14 Mitgliedern besteht, so ergäbe sich ein Mitgliedsbeitrag von 1 Euro pro Person und Abend.

Die „Strafen" dienen dazu, im Laufe eines Jahres die Kasse zu füllen. Unter Strafen versteht man:

- Verlorene Spiele
- Pudel oder Bande
- Sandwerfen
- Schnur berühren
- Umlage von 9ern und Naturkränzen.

Es ist zweckmäßig, für alle Arten von Strafen einen gleichen Grundbetrag festzulegen. Ein praktikabler Betrag wäre z. B. 0,10 Euro. Diese Grundbeträge werden an der Tafel in Form von Strichen geführt (s. Abschnitt „Tafelanschrieb") und am *Ende* des Kegelabends ins Kegelbuch übertragen und gleich abkassiert.
Natürlich gibt es auch Spiele, bei denen unterschiedliche Beträge verloren werden können. Dies ist bei den Spielanleitungen gesondert vermerkt. Im Allgemeinen aber werden die *verlorenen Spiele halbe/halbe* notiert, das heißt, die schlechtere Hälfte oder Mannschaft verliert (je 1 Strich). Ist die Anzahl der Mitglieder ungerade, so verliert die „größere Hälfte", also von 11 Spielern verlieren 6.
Wirft ein Spieler einen *Neuner* oder *Naturkranz*, so wird dieser umgelegt, das heißt, alle anderen erhalten dabei einen Strich angeschrieben.
Pudel oder *Bande* werden ebenfalls mit einem Strich „bestraft". Ein Pudel liegt vor, wenn die Kugel in die seitliche Rinne rollt oder bei der Asphaltbahn die seitliche Begrenzung berührt.
Von *Sandwerfen* spricht man, wenn die Kugel weit in die Bahn geschleudert wird, ehe sie aufsetzt. Um das zu verhindern, ist bei Hobbyclubs eine Gummileine an 2 Pfosten quer vor den eigentlichen Beginn der Bahn gespannt. Vor dieser Linie ist die Kugel aufzusetzen auf dem eigens dafür angebrachten Belag aus Linoleum oder Kunststoff. Um zu verhindern, dass ein Spieler überhaupt in Gefahr kommt, „Sand" zu werfen (was auch schädlich für die Bahn ist), kann man an die Gummileine ein *Glöckchen* hängen. Kommt man an die Leine und das Glöckchen bimmelt, kostet es ebenfalls einen Strich.

Das Zuspätkommen ist eine Unsitte, die natürlich im Sinne der Kasse auch „bestraft" werden muss, da es den Spielbeginn verzögert. Dies kann man regeln, indem man pünktlich beginnt und den noch nicht Anwesenden die bis zu ihrem Eintreffen durchgeführten Spiele generell als verloren anschreibt.
Überziehen einige sogar das „akademische Viertelstündchen", so zahlen sie außerdem eine Strafe von 1,00 Euro in die Kasse.

Wie ist nun mit Mitgliedern zu verfahren, die einen oder mehrere Abende nicht anwesend waren?
Manche Clubs fordern einen Pauschalbetrag für das Fehlen, der bei etwa dem Doppelten des Mitgliedsbeitrages liegt. Dafür werden keine weiteren Posten dazugeschlagen.
Oder: Das fehlende Mitglied muss immer zumindest den Schnitt der Strafen nachbezahlen, um weiterhin gleichberechtigt an der Kasse teilzuhaben.

Vorschlag: Mit einem halbierten Beitrag plus dem Schnitt der Strafen jenes Abends kommt man bei Mitgliederfehlzeiten einigermaßen gut zurecht.

In vielen Clubs hat es sich eingebürgert, neben der offiziellen Kegelkasse noch eine Umlagekasse zu führen, ein „Kegelschwein". Dieser Sparkasse kommen nun alle „Strafen", die nicht im Kegelbuch geführt werden, zugute, zum Beispiel 1 Euro für das Überziehen des „akademischen Viertelstündchen" beim Zuspätkommen oder 2 Euro für eine ungehörige Bemerkung, die man geäußert hat.

Im Internet gibt es eine Windows-Anwendung, die speziell für Hobby-Kegelvereine konzipiert worden ist. Mit wenig Arbeitsaufwand können so genaue Statistiken geführt werden.

Die Anwendung erfüllt folgende Zwecke:

- Verwaltung in folgenden Bereichen:
- Mitglieder
- Kassenbuch
- Verein
- Spielergebnisse
- Berichtsgenerator
- Datensicherungsfunktion

Sie wurde so konzipiert, das auch Laien in nur wenigen Minuten die Ergebnisse genießen können. In der Sharewareversion können Sie alle Eingabemasken uneingeschränkt nutzen, lediglich die Berichtserstellung ist eingeschränkt.

www.shareware.de
www.gattung.org/kegelbuch
www.windows-software.de/info-2779.html

Auch so mancher, der nach dem Bezahlen noch etwas Wechselgeld erübrigt, wirft eine freiwillige Spende in diese Sparkasse. Hat ein Mitglied eine „Runde“ zu spendieren, weil es zum Beispiel den ersten Neuner der Saison geworfen hat, so kann es wahlweise auch 10 Euro in das Sparschwein werfen. Dies ist vor allem dann sehr nützlich, wenn sich an einem Abend die Runden häufen.

Den Verwendungszweck des „Kegelschweins“ sollte man wie folgt festlegen:

Mit seinem Inhalt werden alle diejenigen Ausgaben getätigt, die zusätzlich nötig werden, wie zum Beispiel Kauf von Pokalen, Preise fürs Preiskegeln oder Startgebühren bei Wettkämpfen. Aber auch ein netter Blumenstrauß zu einem besonderen Anlass lässt sich daraus finanzieren, ohne gleich ein Loch in die Kegelkasse zu reißen.

4.9 Die Klubmeisterschaft, Pokal- und Preiskegeln

Einen wichtigen Teil des Clublebens stellt die Klubmeisterschaft dar. Am Ende des Jahres kürt man die beste Dame zur Klubmeisterin und den besten Herrn zum Klubmeister. Als Preis erhalten sie einen kleinen gravierten Pokal mit der Jahreszahl und dem Clubnamen. Dieser Pokal geht in ihren Besitz über als ständiges nettes Andenken. Die Klubmeisterschaft wird über das gesamte Kegeljahr anhand einer Punktewertung ermittelt, um nicht nur einen Besten an einem Tag zu ehren, sondern den Beständigsten über das ganze Jahr.

Für die Punktwertung zur Ermittlung der Klubmeister bieten sich 2 Arten an:

- **Punktsystem 1:** Jedes Spiel wird gepunktet.
- **Punktsystem 2:** Jeder Kegelabend wird gepunktet.

Beim **Punktsystem 1** erhalten die 3 besten Spieler eines Einzelspieles die Punkte 3, 2, 1. Bei Partnerspielen erringen die 3 Siegerteams ebenfalls die Punkte 3, 2, 1, aber beide Spieler der betreffenden Teams kommen in den Genuss der Punkte. Bei Mannschaftswettkämpfen erhalten die Mitglieder der Siegermannschaft je 1 Punkt. Nach diesem System kann man einigermaßen gerecht die Klubmeister ermitteln, da diese sich bis zum Ende eines Kegeljahres in 200–300 Spielen bewährt haben müssen. Für den Tafelanschreiber ist es jedes Mal ein ziemlich großer Aufwand, Spiel für Spiel auch die Punkte zu notieren, die er am besten an die Tafel schreibt und ständig addiert.

Das **Punktsystem 2** ist einfacher zu handhaben. Hierbei werden die Punkte nicht nach jedem Spiel, sondern nur einmal am **Ende des Kegelabends** vergeben. Dabei ermittelt man diese nach der Höhe des Betrages an „Strafen". Jeder erhält nun Punkte, weil man so viele Punkte vergibt, wie Mitglieder im Club sind. Bei 7 Paaren zum Beispiel erhält der beste Mann und die beste Frau je 7 Punkte, die nächsten 6, 5, 4, 3, 2 und 1 für den letzten Platz.
Das umseitige Beispiel einer Übersichtsliste für die Klubmeisterschaft kann dabei als Muster dienen. Diese Liste basiert auf dem System 2. Um die Übersicht noch deutlicher zu machen, unterstreicht man die Tagessieger und kennzeichnet die führende Dame und den führenden Herrn in der Gesamtwertung mit einem Kreis.
Den Tagessiegern kann man zum Beispiel eine Kette mit einem kleinen Kegel daran überreichen. Diese muss bis zum nächsten

Kegelabend ständig getragen werden. Wird einer irgendwann dabei überrascht, dass er das Kettchen nicht trägt, so ist selbstverständlich ein Obolus in das Kegelschwein zu entrichten.

CLUBMEISTERSCHAFT 2008

SPIELABENDE 1. Halbjahr

NAME	1		2		3		4		5		6		7		8		9		10		11		12		Zwischenbilanz
DIETER	5	5	3	8	4	12																			
HEIDRUN	6	6	2	8	4	12																			
CHRISTIAN	4	4	4	8	5	13																			
ULLI	3	3	6	9	6	15																			
WOLFGANG	3	3	6	9	6	15																			
ANNELIE	4	4	3	7	5	12																			
ALFRED	1	1	3	6	2	8																			
ELVIRA	1	1	1	2	2	4																			
PETER	2	2	1	3	4	7																			
MARIA	2	2	4	6	3	9																			
HANS-DIETER	6	6	2	8	3	11																			
USCHI	5	5	5	10	1	11																			

Das *Pokalkegeln* wird im Gegensatz zur Klubmeisterschaft an einem Tag durchgeführt. Es bietet sich an, dieses Ereignis in das Programm der Kegeltour einzubauen oder auf die Jahreshauptversammlung zu legen. Auch hierbei gibt es verschiedene Formen. Eine reizvolle Art stellt folgendes Spiel dar:

25 Wurf in die Vollen + 25 Wurf Abräumen

Man kann es aber auch spannender machen, indem zuerst ein Vorkampf mit **15 Wurf in die Vollen** absolviert wird. Die 3 besten

Damen und Herren qualifizieren sich dabei für den Endkampf, der nochmals aus **15 Wurf in die Vollen** bestehen kann. Im Endkampf hat dabei das Qualifikationsergebnis keine Bedeutung mehr, es wird also nicht zu den Resultaten des eigentlichen Wettbewerbs addiert. Die Sieger erhalten einen schönen Wanderpokal, der jedes Jahr fortlaufend graviert wird. Bei drei- oder fünfmaligem Gewinn in ununterbrochener Reihenfolge geht er in den Besitz des Meisterkeglers über.

Als weitere Form der Kämpfe innerhalb des Kegelclubs bewährt sich das *Preiskegeln*, das ebenfalls sehr oft bei Kegelfahrten durchgeführt wird. Dazu setzt man nach Plünderung des Kegelschweines einen Geldbetrag fest und beauftragt ein Mitglied mit der Besorgung von Preisen, gestaffelt natürlich vom ersten bis zum letzten Preis.
Dabei sollte man nicht mehr als 5–7 Spiele auswählen, damit der Abend sich nicht zu lange hinzieht.
Jeder Spieler wird gepunktet vom ersten bis zum letzten Platz. Und nach Beendigung des aktiven Teils wird zusammengezählt und die Platzierung ermittelt. In gemischten Clubs empfiehlt es sich hierbei, keine Unterschiede zwischen Damen und Herren zu machen. Man wird nämlich feststellen, dass die Damen durchaus in der Lage sind, ihre Preise zu erkämpfen, auch gegen die vermeintliche Stärke der Männer.

Sobald man über einige Routine im Kegeln verfügt, sollte man durchaus einmal die Gelegenheit nutzen, einen Vergleichskampf mit einem anderen Kegelclub durchzuführen. Ein solcher Wett-

kampf bietet eine gute Gelegenheit, den eigenen Leistungsstand im Verhältnis zu anderen zu beurteilen.
Natürlich sucht man sich als Partner nicht gleich den Lokalmatador aus, sondern einen Club, der in der Stärke dem eigenen ähnelt, damit das Ganze nicht eine ebenso einseitige wie eintönige Sache wird.

Die Spiele werden vorher festgelegt. Man kann dabei wie folgt vorgehen:

- Ist Hin- und Rückkampf vereinbart worden, so darf der Club mit dem ersten Heimvorteil die Spiele bestimmen. Empfehlenswert: nicht mehr als 5 Spiele! Beim Rückkampf auf der Bahn des Gegners bestimmt dieser die Spiele.
- Veranstaltet man ein einmaliges Treffen, so bestimmt jeder Club abwechselnd ein Spiel bis zu einer Höchstzahl von 7 Spielen.

Da bei einem solchen Clubkampf doppelt so viele Leute anwesend sind wie normal, eben 2 Kegelclubs, sollten kurze, schnelle Spiele ausgesucht werden.

Eine nette Geste ist es dabei, dem Partnerclub ein kleines Gastgeschenk zu überreichen; wenn vorhanden, beispielsweise den eigenen Clubwimpel.
Den Spielführer stellt jeweils der Club, der an der Reihe ist, die Spiele zu bestimmen. Wichtig ist es, vorher alle Spiele nochmals genauestens zu erklären, denn oft wird das gleiche Spiel in verschiedenen Clubs unterschiedlich gespielt.

5 Kegelspiele – Einzelspiele und Mannschaft

Hier finden Sie eine Auswahl von rund 100 der bekanntesten Einzel-, Paar- und Mannschaftsspiele.

Vorbemerkungen

Die verschiedenen Spiele werden unterteilt in Mannschafts-, Partner- und Einzelspiele. Dabei wird die Zahl der Durchgänge, die Zahl der Würfe, das Abräumen mit und ohne Kranzwertung, Bilder- und Figurenspiel und vieles mehr bezeichnet.

Um die Art eines Kegelspiels zu bezeichnen, wurden alle Spiele mit einer Kurzkennung versehen:

Spielname	5/2	Volle	E	#
	Anzahl der Durchgänge Anzahl der Würfe pro Durchgang	Art des Spiels	Einzel-, Mannschafts-, Partnerspiele	Besonders zu empfehlen

D = Durchgänge
Abr = Abräumen ohne Kranzwertung
Abr + = Abräumen mit Kranzwertung
Fig = auf eine bestimmte Figur wird abgeräumt
X = Anzahl der Durchgänge oder Würfe hängt vom Spielverlauf ab.

Spiele, die ich besonders empfehlen möchte, weil sie besonders einfach oder besonders reizvoll sind, wurden durch ein Doppelkreuz hervorgehoben.

Zuvor beachten Sie bitte die Kegelbezeichnungen mit Nummer und Namen sowie einige wichtige Kegelbilder, um alle Begriffe und Abläufe richtig verstehen zu können. Schwarze ausgemalte Kegel bedeuten, dass diese stehen, leere Kreise zeigen gefallene Kegel an.

Die wichtigsten Kegelbilder

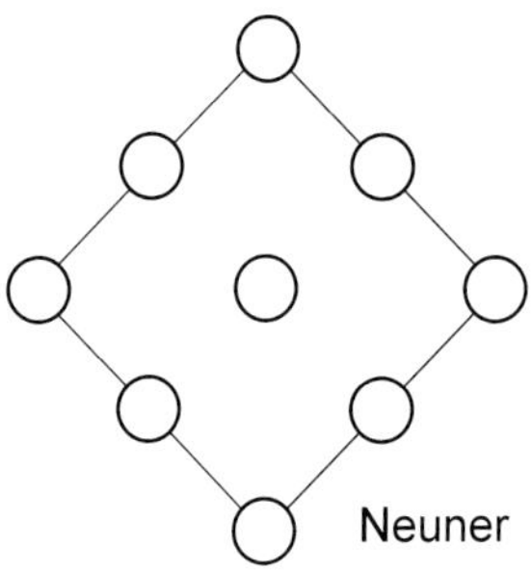

Neuner

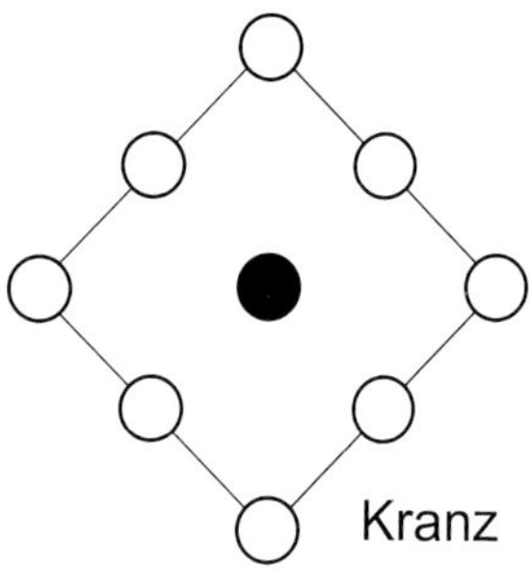

Kranz

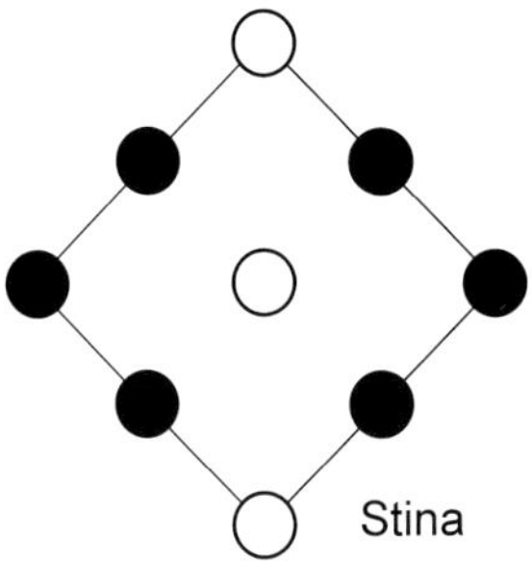
Stina

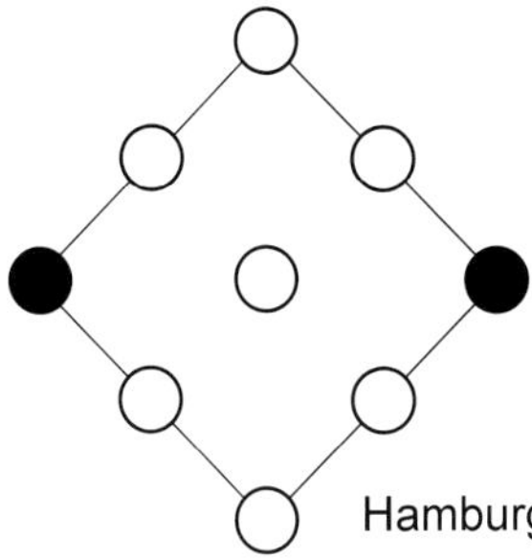
Hamburg

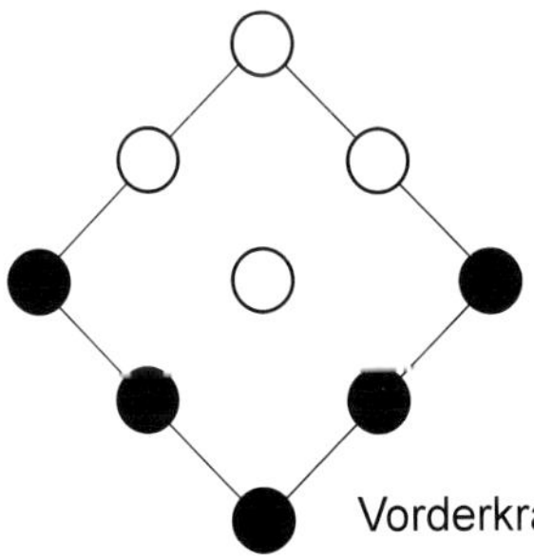
Vorderkranz

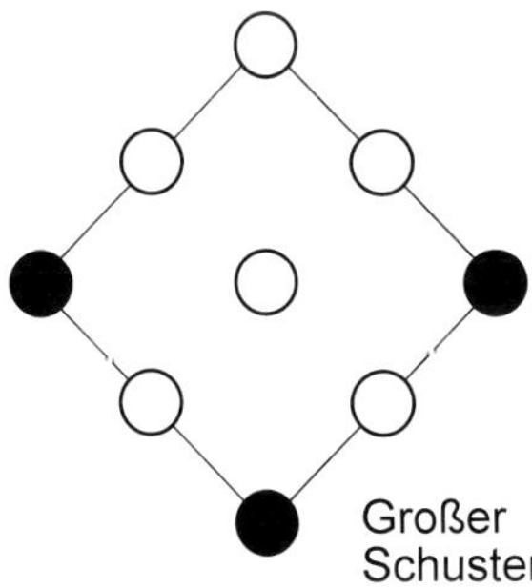
Großer Schuster

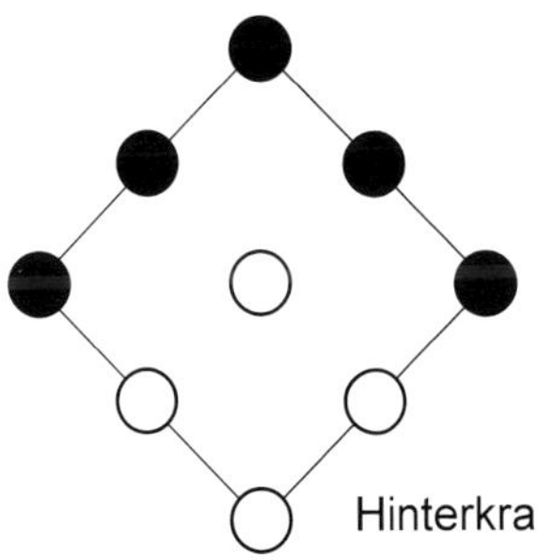
Hinterkranz

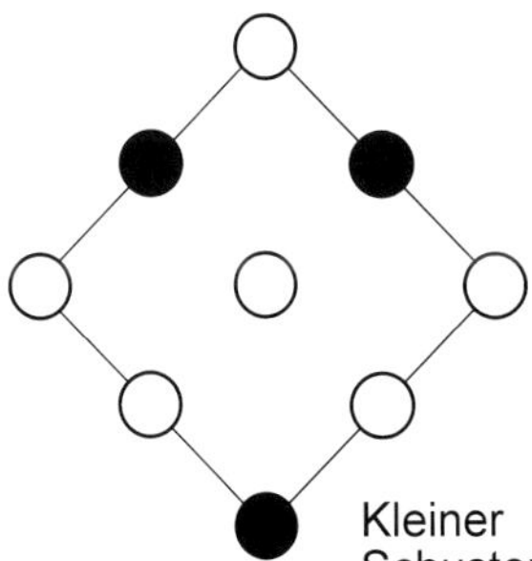
Kleiner Schuster

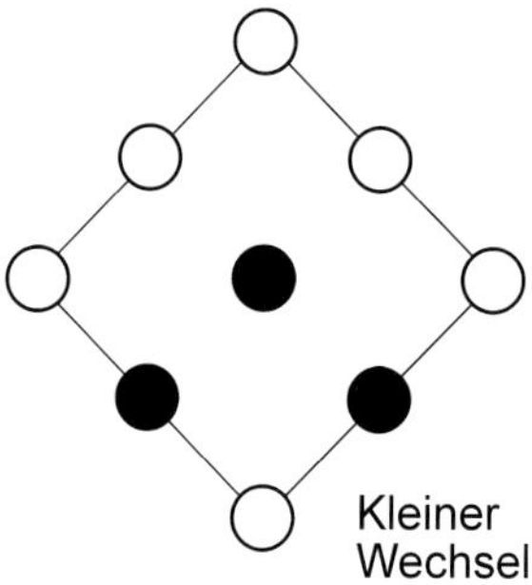

Kleiner Wechsel

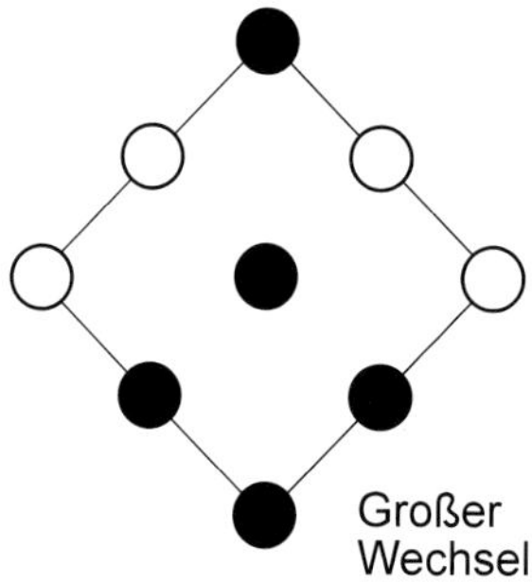

Großer Wechsel

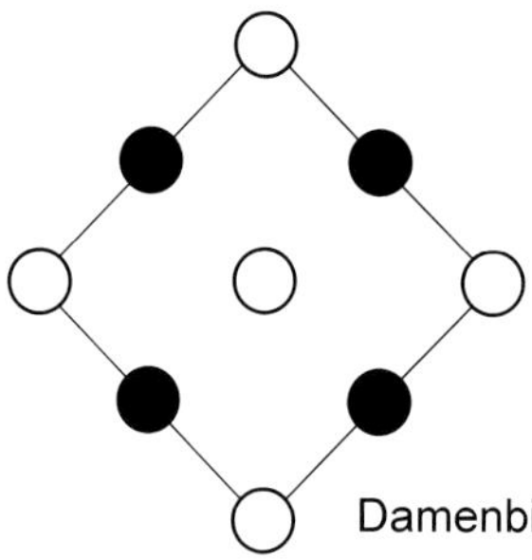

Damenbild

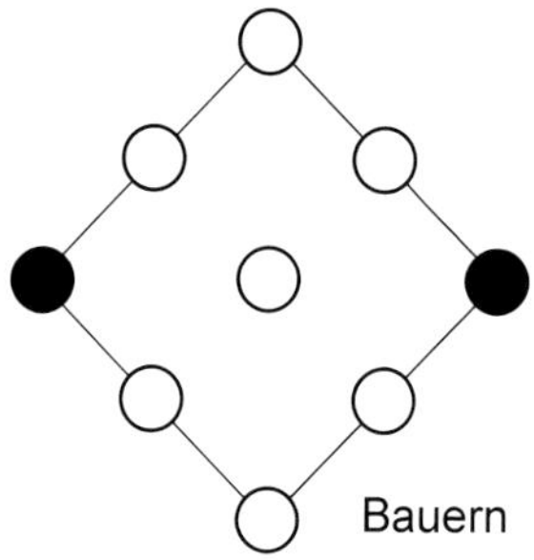

Bauern

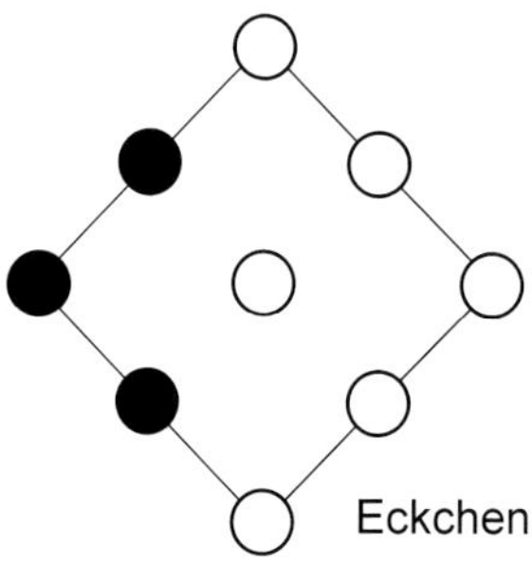

Eckchen

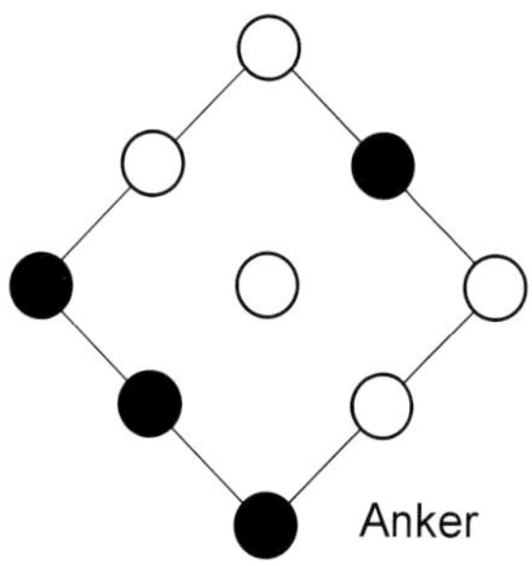

Anker

Einzelspiele von A bis Z

48er-Partie 2/3 Fig E

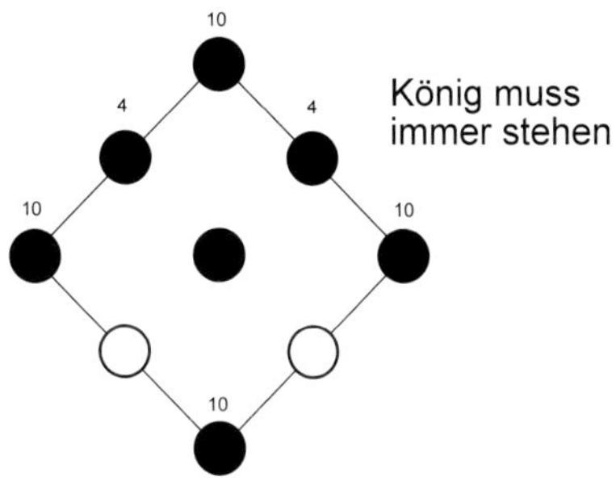

Bei der *48er-Partie* wird auf die dargestellte Figur gekegelt. Gespielt wird in 2 Durchgängen mit jeweils 3 Wurf Abräumen. Die getroffenen Kegel haben dabei verschiedene Werte, wie in der Abbildung dargestellt.

Wichtig: der König muss unbedingt stehen bleiben. Fällt er bei einem der drei Würfe mit, erhält der Spieler 12 Strafpunkte. Das maximale Ergebnis beträgt 2 x 48 Holz = 96. Gelingt es, mit weniger als 3 Würfen abzuräumen, darf für die verbleibenden Würfe das Bild nochmals aufgestellt werden, wodurch die Siegerpunktzahl dann 96 übersteigen kann.
Dies gilt jedoch nicht, wenn der König mitabgeräumt wird. Es darf dann kein neues Bild mehr aufgestellt werden.

Wertung: halbe/halbe

Bayrisches 6-Tage-Rennen 5/2 Abr + E

Eine Variante mit sehr viel Reiz zu dem → *6-Tage-Rennen* ist das *Bayrische 6-Tage-Rennen*, denn es hat seine eigenen Bedingungen. Gespielt wird über 5 Tage, auch wenn es 6-Tage-Rennen heißt, mit je 2 Würfen pro Tag. Man bereitet den Tafelanschrieb so vor, wie die Abbildung dies zeigt. Mit dem 1. Wurf wird in die Vollen geworfen, mit dem 2. Wurf wird der Rest abgeräumt.

SPIELER	MO	DI	MI	DO	FR	Verl.
A	120	200	340	410	500	
B	6	76	196	266	–	X
C	60	130	144	214	284	X
D	120	240	380	470	530	
E	50	170	330	380	–	X
		Zählt doppelt		Vorderholz ist Pflicht		

Regeln:

- Fällt beim Anwurf das Vorderholz mit, zählt der gesamte Durchgang 10fach, wenn nicht, zählt das Ergebnis einfach.
- Am Mittwoch zählt das Ergebnis nochmals doppelt.
- Am Freitag muss beim Anwurf das Vorderholz geholt werden, sonst wird die gesamte Woche annulliert.

Wertung: halbe/halbe

Wichtig ist, dass ein 10faches Ergebnis jeweils nur durch den Anwurf erreicht werden kann. Ein Fallen des Vorderholzes beim 2. Wurf zum Abräumen hat *keinen* Einfluss mehr.

Bilderkranz-Spiel 6/2 Fig E

Ein außergewöhnlich reizvolles Spiel ist das *Bilderkranz-Spiel*. Es heißt *Bilderkranz*, weil hierbei versucht werden muss, den Kranz aus verschiedenen Figuren (= Bildern) zu erkegeln. Dazu werden in 6 Durchgängen 6 verschiedene Bilder aufgestellt. Auf jedes Bild hat man 2 Versuche (also auch der jeweilige 2. Wurf geht auf das ganze Bild). Bei allen dargestellten Bildern ist mit einem Wurf der Kranz möglich.

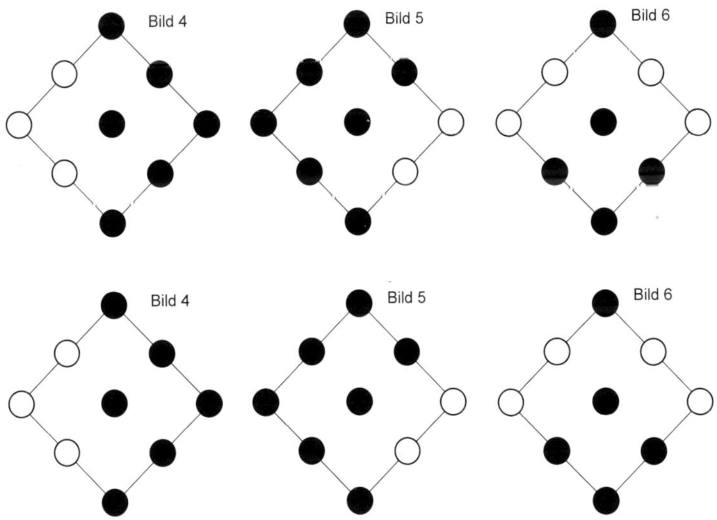

Zählweise: Jedes Holz zählt 5 Punkte, ein Kranz zählt 48. Die Höchstpunktzahl liegt bei 480 Punkten. Bei diesem Spiel lohnt es sich auch, eine *Rekordliste* zu führen.

Wertung: halbe/halbe

Variante: Das *Bilderkranz-Spiel* ist auch durchführbar mit 2 Würfen zum Räumen je Bild. Mit dem 2. Wurf muss dann der Rest des 1. Wurfes geräumt werden.

Chicago X/1 Volle E

Chicago ist, ähnlich wie das Spiel *Rambo*, im Rahmen des Kegelclubs als Abschlussspiel geeignet, um den Kegelabend ausklingen zu lassen und noch einmal für Spannung zu sorgen.

Alle freiwilligen Mitspieler werden an die Tafel geschrieben. Die Reihenfolge muss ausgelost werden. Der Spieleinsatz beträgt 0,50 bis 1,00 Euro. Geworfen wird in die Vollen. Je 2 Mann kämpfen dabei gegeneinander, Spieler 1 gegen 2, 3 gegen 4 usw. Jeder hat einen Wurf. Wer das geringere Ergebnis verbucht, wird von der Tafel gestrichen. Wird Gleichstand erzielt, werfen die beiden weiter, bis einer klar siegt. Dabei wechseln sie sich im Anwerfen ab. Nach der 1. Spielrunde scheidet also bereits die Hälfte der Spieler aus. In der 2. Runde wird nun wieder in Pärchen weitergespielt, und zwar in der sich nun auf der Tafel ergebenden Reihenfolge. Das Spiel wird so lange fortgesetzt, bis sich ein Finale ergibt.

A	~~7 7~~		
B	7 8	8	9
C	6		
C	F	~~5~~	
E	8	~~7 6~~	
F	7	7 7	7
G	~~6~~		

Dieses erbringt entweder einen Gewinner, oder es gibt Gleichstand.

Im letzteren Fall muss weiter geworfen werden, bis ein Sieger feststeht, dem dann der Inhalt der Kasse gehört. Auch hier sollte ein fester Anteil dieses Gewinns in die Vereinskasse gehen (siehe Kapitel 5). Bei einer ungeraden Teilnehmerzahl wird durch Los in den einzelnen Durchgängen bestimmt, wer ein Freilos hat und kampflos eine Runde weiterkommt.

Beispiel:
D hat ein Freilos gezogen, es kämpft A gegen B, C gegen E, F gegen G. A und B erzielen beide 7, deshalb wirft B wieder und gewinnt jetzt mit 8 und 7. In der 2. Runde spielt B gegen D und E gegen F, die auch 2-mal werfen müssen. Danach gewinnt B gegen F im Finale.

Chicago 66 — 4/1 Volle/Abr — E

5	Volle
+ 5	Abräumen
+ 2	Wurf Hohe Hausnummer
– 2	Wurf Kleine Hausnummer

→

28
+ 23
+ 65
– 33
83

Die Spielweise von *Chicago* „66“: 5-mal in die Vollen + 5-mal Abräumen mit Kranz, dazu eine zweistellige Hohe Hausnummer abzüglich einer 2-stelligen Kleinen Hausnummer, zeigt obiges Beispiel.

Wichtig: Wer unter 66 bleibt, verliert doppelt.

Wertung: halbe/halbe

Die ungemütliche Partie 8/2 Fig E

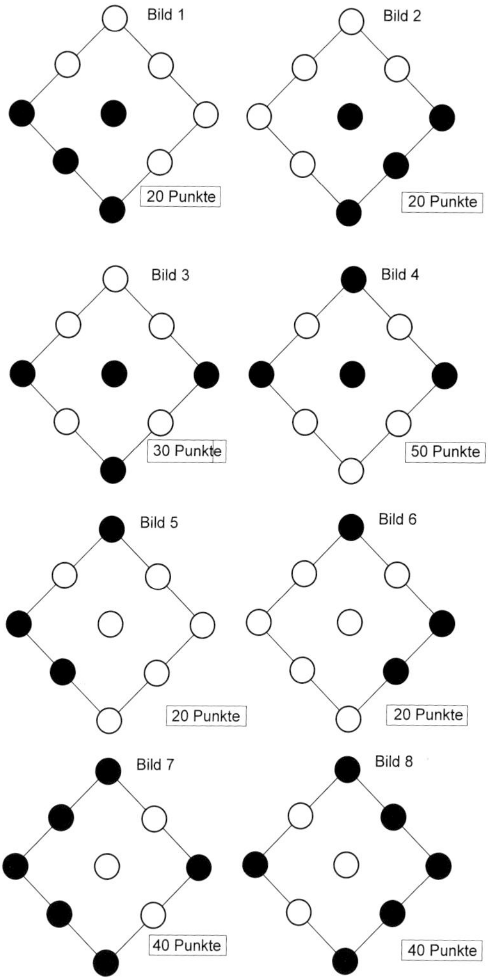

Die *ungemütliche Partie* ist ein Bilderbeispiel, das ein gewisses Maß an Können voraussetzt. Gespielt wird auf insgesamt 8 Bilder, wobei die ersten 4 Bilder den König mit einbeziehen, die letzten 4 Bilder sind ohne König.

Jeder Kegler hat pro Figur 2 Würfe. Bei den Bildern 1–4 muss dabei der König zum Schluss allein stehen bleiben. Es gilt die Punktzahl, wie in der Abbildung angeschrieben. Fällt der König jedoch mit, zählt jedes gefallene Holz – außer dem König – 5 Punkte. Bei den Bildern 5–8 gilt ebenfalls, mit den beiden Würfen pro Figur die Platte zu räumen, inklusive König. Gelingt es, die Figur erfolgreich abzuräumen, so gelten die angeschriebenen Punktzahlen, ansonsten zählt auch hier jedes gefallene Holz 5 Punkte.

Wichtig: Gelingt das Abräumen der Figur – wie jeweils gefordert – bereits mit dem 1. Wurf, so erhält der Spieler 20 Zusatzpunkte. Ein 2. Wurf fällt in diesem Falle aus.

Wertung: halbe/halbe

Wie bei allen längeren Spielen sollte man auch hier nach 4 Durchgängen bereits eine Zwischenabrechnung durchzuführen.

Erreichbare Höchstpunktzahl: 400 Punkte, unter der Voraussetzung, dass Bild 3 und 4 nicht mit einem Wurf abräumbar sind, hier also das Bild nicht 2-mal „bewältigt“ werden kann.

Die *Ungemütliche Partie* eignet sich hervorragend für wettkampfbetontes Clubkegeln. An ihr kann sich jeder erfahrene Profi „die Zähne ausbeißen“. Anhand der erreichten Punkte kann man das Ansteigen seiner eigenen Leistungsfähigkeit gut überprüfen.

Bei diesem Spiel ist es stets interessant, eine Rekordliste zu führen!

Doppelstrich 5/1 Volle E

Spieler	8	7	6	5	4	
A	7	(7)	(6)	7	3	IIIII I
B	5	6	(6)	(5)	6	IIIII IIIII
C	(8)	8	7	(5)	5	III
D	7	8	(6)	6	5	IIIII
E	6	(7)	4	(5)	(4)	IIIII III

Vom Namen her klingt *Doppelstrich* ähnlich wie die ➔ *Strichpartie*. Beide Spiele sind aber sehr unterschiedlich.
Doppelstrich ist ein Spiel in die Vollen mit den vorgegebenen Zahlen 8, 7, 6, 5, 4, die möglichst genau zu erreichen sind.

Zählweise: Bleibt man unter der Vorgabe, so wird die Differenz **doppelt** als Striche notiert; liegt man über der Vorgabe, so wird die **einfache** Differenz angeschrieben. Genau geworfene Zahlen kennzeichnet man mit einem Kreis an der Tafel.

Wertung: Sieger wird der Spieler mit den wenigsten Strichen. Alle anderen zahlen 0,10 Euro + die Anzahl der auf volle 5 aufgerundeten Striche.
Für ein erfolgreiches Werfen ist also wichtig, keine Doppelstriche zu kassieren und deshalb möglichst nicht unter der jeweiligen Vorgabe zu bleiben. Das zeigt die Abbildung: Spieler E hat die meisten Zahlen genau getroffen (3) und ist gegenüber dem Spieler C doch weitaus schlechter im Endergebnis.

3-Kreuze-Spiel X/1 Volle E

SPIELER	HOLZ	
A	3 4 7 3 5	X X X scheidet aus
B	5 8 7	/
C	7 6 7	X
D	5 5 6	X X /
E	5 6 7	X

Das 3-*Kreuze-Spiel* ist ein Spiel in die Vollen, das einfach zu spielen und dennoch sehr spannend ist. Die Grundregel ist, jeweils mehr Holz zu werfen als der Vordermann. Da also unmittelbar gegeneinander gekämpft wird, lost man die Reihenfolge der Spieler vorher aus. Der Spielverlauf: Zunächst muss für den 1. Spieler ein Wurf vorgegeben werden, gegen den jener anwerfen muss. Diesen Vorwurf führt ein dazu bestimmter Spieler aus. Im obigen Beispiel fällt eine 3. Das Spiel kann nun beginnen. Spieler A wirft und erzielt eine 4, Spieler B eine 5. Dafür erhält A ein halbes Kreuz (einen Schrägstrich) angeschrieben. Nun wirft C 7 Holz, also mehr als sein Vorgänger. Dafür erhält B ein halbes Kreuz. D wirft eine 5 – also weniger als der Vorgänger – und bekommt dafür selbst ein halbes Kreuz. E wirft ebenfalls eine 5 („*mit*"-*verliert*), er erhält ebenfalls ein halbes Kreuz. A wirft nun weiter auf den Wurf von E usw.

Wer 3 Kreuze komplett hat, scheidet aus. In diesem Fall gilt zum Weiterspielen der Wurf des Spielers, der in der Reihenfolge vor dem Ausgeschiedenen steht.

Wertung: halbe/halbe

Besonderheiten:

- Die Reihenfolge muss ausgelost werden.
- Für den 1. Werfer muss ein Vorwurf vorgelegt werden.
- Der nachfolgende Werfer muss immer **mehr** Holz erzielen als sein Vorgänger; bei weniger oder gleich viel (zum Beispiel 7 „mit") „kassiert" er ein halbes Kreuz; erzielt er mehr als sein Vorgänger, erhält dieser das halbe Kreuz.

3 Links – 3 Rechts 2/3 Volle E

3 Links – 3 Rechts ist ein Spiel in die Vollen mit Gassenzwang, das heißt, im 1. Durchgang werden 3 Wurf hintereinander in die linke Gasse, im 2. Durchgang 3 Wurf in die rechte Gasse gefordert; und die Ergebnisse werden dann zusammengezählt.

Wertung: halbe/halbe

Besonderheiten: Falsch geworfene Gasse zählt „0" im Ergebnis. Ein Wurf in die Mitte zählt noch, sofern er symmetrisch ist. Es dürfen dabei auf der falschen Gassenseite nicht mehr Kegel fallen als auf der richtigen.

3 Wurf abräumen 1/3 Abr + E

3 Wurf *Abräumen* ist ein sehr einfaches Abräumspiel, das vor allem Anfängern Spaß macht. Es gilt hierbei, mit drei Würfen in einem Durchgang möglichst viele Kegel zu treffen.

Der 1. Wurf wird natürlich in die Vollen gespielt; mit Wurf 2 und 3 muss dann versucht werden, die stehen gebliebenen Kegel zu treffen. Gelingt es dabei, eine ganze Kegelplatte im 1. und 2. Wurf abzuräumen, so darf mit dem oder den noch verbleibenden Würfen auf die 2. Platte gekegelt werden. Das Gleiche gilt auch, wenn ein Kranz erzielt wurde.

Wertung: halbe/halbe

Einfacher Stier X/1 Volle E

Der *Einfache Stier* wird gerne in Bayern gespielt. Es kommt darauf an, aus den Vollen mehr Holz zu erzielen als der Vorgänger.
Jeder kegelt abwechselnd einmal in die Vollen. Die Differenz im Ergebnis wird dem Schwächeren als Striche angeschrieben.
Wirft zum Beispiel Spieler A 5 Holz und Spieler B 8, so muss A 3 Striche hinnehmen; würfe B aber nur 3, so erhielte er selbst 2 Striche (Differenz zu A) angeschrieben.

Wichtig: Wer 11 Striche erreicht, scheidet aus dem Spiel aus. Hinter seinen Namen zeichnet man symbolisch einen Stierkopf. Denn die Ausgeschiedenen sind bei diesem Spiel die „Stiere“.

Wertung: Sieger ist, wer zuletzt im Spiel ist. Es wird festgestellt, wie viele Durchgänge gespielt wurden, und alle Stiere zahlen für jeden nicht mehr mitgespielten Durchgang 0,10 Euro in die Kasse.

Besonderheit: Die Reihenfolge ist auszulosen.

Eintausend 2/3 Volle E

Es wird in 2 Runden in die Vollen geworfen. Jeder Kegler hat je Runde 3 Wurf. Ziel dieses Spieles ist ein Gesamtergebnis von 1000. In der 1. Runde kann man die Holzzahlen wie bei den ➔ *Hausnummerspielen* frei platzieren. In der 2. Runde werden die Wurfergebnisse von rechts nach links gesetzt. Nach der 2. Runde werden die Ergebnisse beider Runden addiert.

Beispiel:
1. Runde 456, 2. Runde 523, Ergebnis = 979, Differenz zu 1000 = 21. Sieger ist der Spieler mit der geringsten Über- oder Unterschreitung.

5 Wurf Volle 5/1 Volle E

Dieses Spiel eignet sich besonders gut, um den Kegelabend zu eröffnen. Wichtig aber ist, dass man jeden Teilnehmer seine 5 Würfe *hintereinander* absolvieren lässt, damit er sich dabei etwas „warm" werfen kann und das notwendige Kegelgefühl bekommt. Das Werfen in das volle Kegelbild ist das Grundspiel beim Kegeln. Bei diesem Spiel kommt es darauf an, möglichst viel „Holz" zu erkegeln. Die 5 Würfe werden an der Tafel addiert.

Wertung: halbe/halbe, das heißt, die im Gesamtergebnis bessere Hälfte der anwesenden Spieler gewinnt, die andere verliert und bekommt das Spiel mit einem Strich als verloren angeschrieben.

Besonderheiten: Bei fortgeschrittenen Spielern kann so gespielt werden, dass nach jedem Wurf die Gasse gewechselt wird. Dabei kann man wahlweise links oder rechts beginnen.

Großes Bilderspiel 8/2 Fig E

Dieses Spiel eignet sich sehr gut zum Üben, um die eigenen Kegelfertigkelten zu verbessern.
Wegen der Länge dieses Spieles ist es üblich, nach dem 4. Durchgang eine Zwischenbilanz zu ziehen und nach dem Schema halbe/halbe die Verlierer der 1. Hälfte zusätzlich zu notieren.
Bilderspiele sind Spiele auf bestimmte vorgegebene Figuren.
Mit je 2 Wurf wird auf insgesamt 8 Bilder gespielt. Die verschiedenen Zählwerte sind in der Abbildung angegeben.

Wertung: halbe/halbe

Besonderheiten: Der 1. Wurf ist stets nach links, der 2. nach rechts zu spielen. Fällt dabei ein Holz auf der anderen Seite mit, wird es gezählt. Deshalb muss für den 2. Wurf auch wieder das komplette Bild aufgestellt werden.

Zur Abbildung auf Seite 68 noch eine Erklärung: Zuerst muss die linke Dame, dann die rechte Dame erkegelt werden, aber ohne dass der König mitfällt, sonst zählt der Wurf = 0.

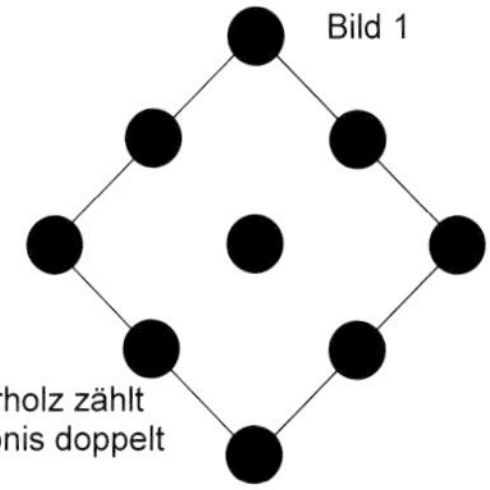

Bild 1

Mit Vorderholz zählt das Ergebnis doppelt

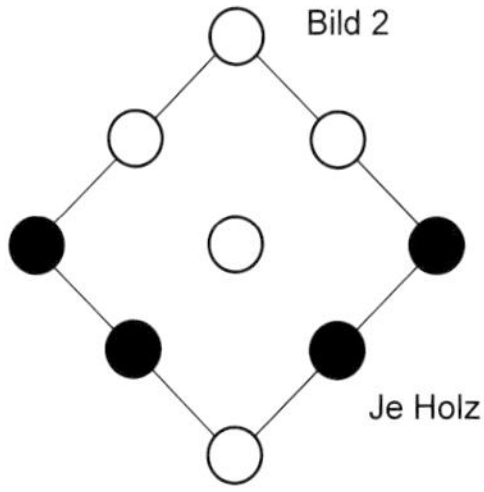

Bild 2

Je Holz = 10 P

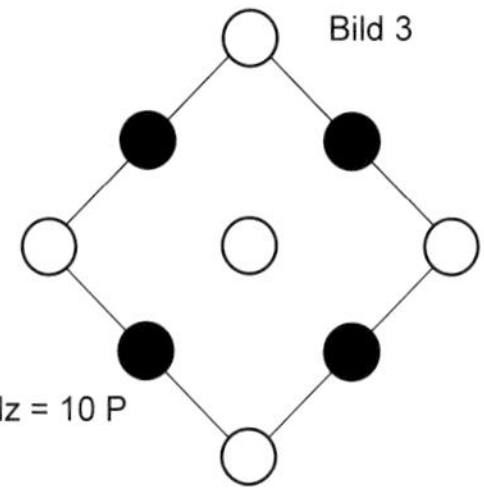

Bild 3

Je Holz = 10 P

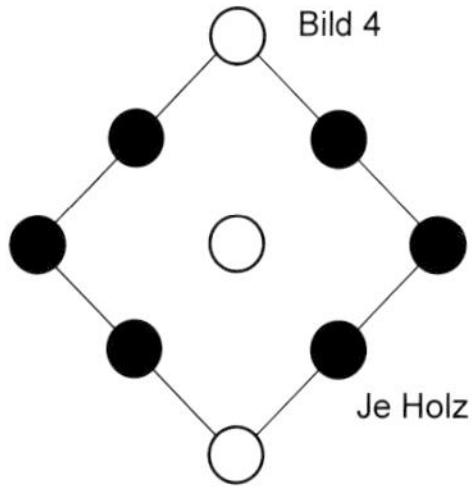

Bild 4

Je Holz = 5 P

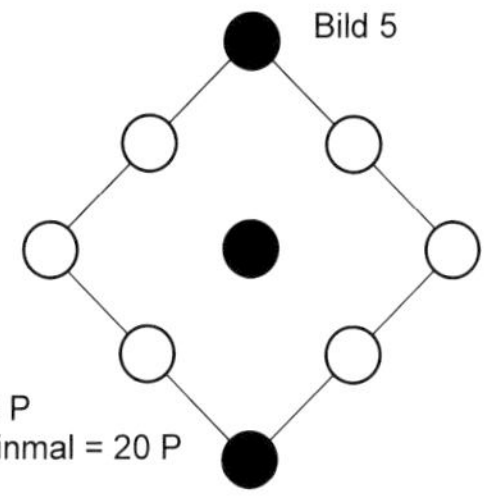

Bild 5

Je Holz = 5 P
alle 3 auf einmal = 20 P

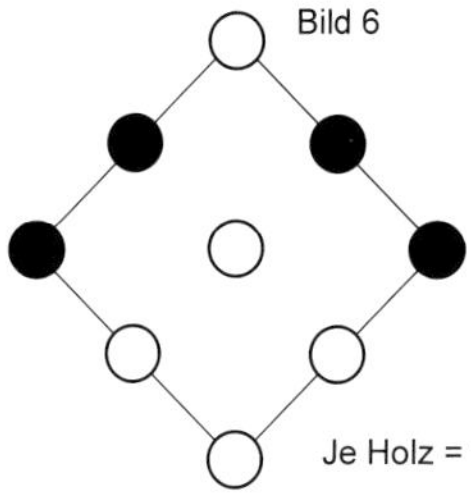

Bild 6

Je Holz = 10 P

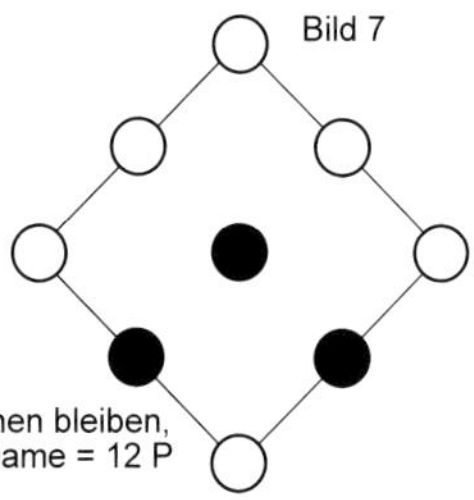

Bild 7

König muss stehen bleiben, dann zählt die Dame = 12 P

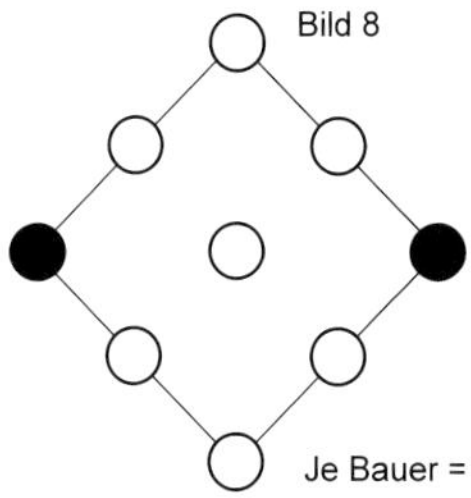

Bild 8

Je Bauer = 15 P

Hohe Hausnummer 3/1 Volle E

zum Beispiel:
1. Wurf 4 → hinten
2. Wurf 8 → vorne
3. Wurf 7 → Mitte

= 874

Spiel mit 3 Durchgängen

	A	B	C
1.	874	576	598
2.	778	675	787
3.	758	805	723
	2410	2056	2108

Die „*Hohe Hausnummer*" ist ein traditionelles Spiel, das an keinem Kegelabend fehlen sollte. Gerne spielt man anschließend die → *Kleine Hausnummer*, die ebenfalls in diesem Buch beschrieben wird. Bei diesem Spiel kommt es darauf an, mit 3 einzelnen Würfen in die Vollen eine möglichst *kleine* 3-stellige Zahl zu erkegeln. Es gilt also nicht, wie bei der Hohen Hausnummer, jeweils viel Holz zu werfen, sondern man schneidet besser ab mit wenig Holz. Dazu kegelt man am zweckmäßigsten auf die Bauern.

Ziel dieses Spieles ist es, eine möglichst *hohe* 3-stellige Zahl zu erreichen. Jeder Spieler wirft dabei abwechselnd in 3 Durchgängen je einen Wurf in die Vollen. Nach dem Wurf sagt man an, an welche Stelle (Hunderter, Zehner, Einer) das Resultat notiert werden soll.
Höchste erreichbare Zahl: 999

Wertung: halbe/halbe
Pudel werden als „0" angeschrieben

Varianten: Da dieses Spiel fast überall verbreitet ist, gibt es auch viele Varianten dazu, z. B.:
Man sagt *vor dem Wurf an*, wohin das Ergebnis gesetzt wird (eine reizvolle Variante, die aber eine glückliche Hand und taktisches Verständnis voraussetzt).

Oder:
Spiel mit 3x3 Durchgängen, wie oben dargestellt, wobei die 3 Ergebnisse zusammengezählt und danach erst die Sieger ermittelt werden.

Oder:
Spiel um eine *vierstellige Zahl*.

100 Abwärts X/1 Volle E

100-Abwärts ist ein beliebtes Spiel, wenn es darum geht, die Kräfte gegeneinander im Spiel in die Vollen zu messen. Jeder Spieler erhält 100 Punkte als Vorbelastung aufgeschrieben. Es gilt, möglichst schnell auf 0 zu kommen. Dabei werden die erzielten Wurfwerte von 100 abgezogen.

Wurfwerte:
6 Holz = 10 Pkte.
1 Holz = 14 Pkte. Naturkranz = 48 Pkte.
8 Holz = 24 Pkte. Stina = 12 Pkte.
9 Holz = 36 Pkte.

Alle anderen Ergebnisse zählen nur nach Anzahl gefallener Kegel.

Wertung: Ist der 1. Spieler bei „0“ oder weniger angekommen, so wird der Durchgang noch zu Ende gespielt. Sodann wird nach Maßgabe der verbliebenen Punkte abgerechnet, wobei man auf volle Zehner aufrundet.

Eisbärenjagd 2/10 Fig E

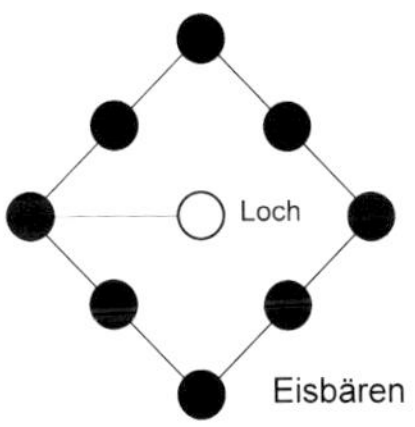

Eisbärenjagd gehört zu den einfachen, lustigen Spielchen. Man stelle sich vor, alle Kegel seien Eisbären, die um das Loch im Eis (König) sitzen und auf Beute lauern. Diese Eisbären müssen nun vom Jäger abgeschossen werden. Der Jäger, sprich Spieler, darf nun so lange auf die Eisbären „schießen“, wie er zumindest immer noch einen erwischt. Das hält die noch nicht getroffenen „in Schach“. Trifft der Jäger allerdings irgendwann nichts mehr, so stürzen sich alle Eisbären auf den Jäger. Zur Rettung bleibt ihm dann nur der Sprung ins eiskalte Loch des Eises, indem er mit einer Kugel den König trifft. Gelingt ihm das nicht, ist er „tot“.
Gespielt wird in 2 Durchgängen, die zusammengezählt werden.

Zählweise: Da die Eisbären mit jedem Schuss gereizter und gefährlicher werden, zählen

Eisbär 1 und 2	je 1 Punkt
Eisbär 3 und 4	je 2 Punkte
Eisbär 5 und 6	je 3 Punkte
Eisbär 7 und 8	je 4 Punkte

Gelingt es einem Jäger, alle Eisbären abzuschießen, braucht er natürlich nicht ins Wasser zu springen. Er erhält 20 Punkte gutgeschrieben.
Schafft man nicht alle Eisbären, und der Sprung ins Wasser klappt, erhält man die Punktzahl der bis dahin erlegten Eisbären.
Geht der Sprung ins Wasserloch schief (trifft man den König nicht), so werden dem Jäger 0 Punkte notiert.

Wertung: halbe/halbe

Variante: Eine reizvolle Variante ist es, die Eisbärenjäger, die alle Bären erlegt haben, nun untereinander um den Titel *Größter Bärenjäger* kämpfen zu lassen. Die Reihenfolge wird ausgelost, und die Jäger werfen nun abwechselnd. Wer einen Eisbären verfehlt, scheidet aus. Dies geht so lange, bis der Champion gekürt ist.

Übrigens: Die Reihenfolge der Spieler ist auszulosen.

Etappenrennen 6/1 Volle E

Etappenrennen ist (ähnlich dem → *6-Tage-Rennen*) ein Wettkampfspiel über 6 Durchgänge, wobei der Tagessieger jedoch, der eine Etappe gewonnen hat, mit einem Bonus geehrt wird. Gespielt wird ausschließlich in die Vollen. Ein Punktesystem für gefallenes Holz

(s. Abbildung) zeigt an, wie ein Wurf zu werten ist. Derjenige Spieler, der im einzelnen Durchgang das beste Resultat erzielt, erhält **4 Punkte** zusätzlich. Für Fehlwürfe oder Pudel wird 0 angeschrieben. Zusätzlich gibt es **4 Minuspunkte**.
Der Etappensieger beginnt immer den nächsten Durchgang.

Spieler	1. D	2. D	...
A	15	15	
B	6	(20) + 4	
C	(30) + 4	10	
D	20	– –4	
E	12	6	

Zählwerte	
9-er	50 P.
Naturkranz	48 P.
8 mit V-Holz	30 P.
7 mit V-Holz	20 P.
6 mit V-Holz	15 P
5 mit V-Holz	12 P.
Stina jedes Holz	1 P.

Es gilt noch folgende Zusatzregel:
- Die Durchgänge 1, 3 und 5 zählen einfach.
- Der Durchgang 2 zählt doppelt.
- Der Durchgang 4 zählt dreifach.
- Der Durchgang 6 zählt vierfach.

Wertung: Es gibt nur einen Sieger. Alle anderen zahlen die halbe Differenz zwischen ihrem Ergebnis und dem Siegerergebnis.

Figurenwahl 2/3 Fig E

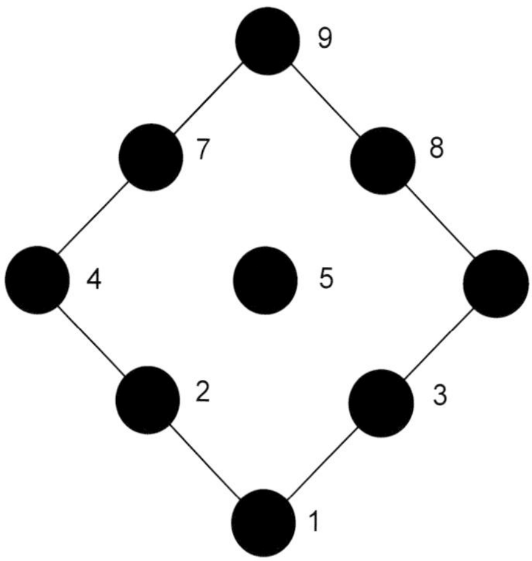

Kegelbezeichnungen

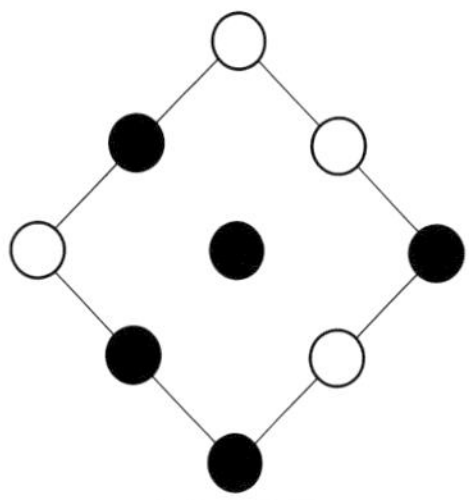

1–2–5–6–7

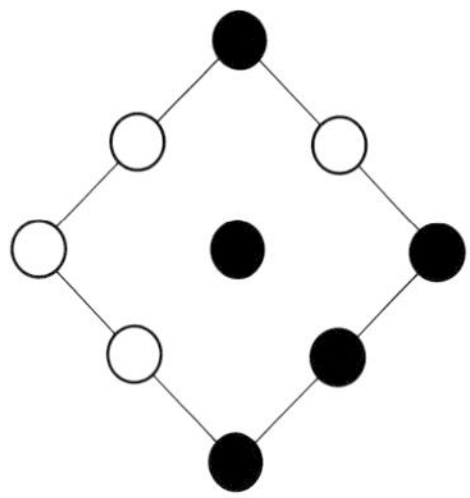

1–3–5–6–9

Das Spiel *Figurenwahl* gewinnt seinen Reiz daraus, dass jeder Spieler die Möglichkeit hat, ein eigenes Kegelbild zusammenzustellen. Zur Vorbereitung des Spieles gehört, Kärtchen von 1 bis 9 bereitzulegen. Nun lässt der Spielführer jeden Spieler 5 Karten ziehen, natürlich verdeckt entweder direkt vor dem Wurf oder gemeinsam am Anfang. Die gezogenen Zahlen sind dann gemäß umseitiger Zeichnung in ein Kegelbild umzusetzen. Jeder Spieler stellt sich auf diese Weise 2 Bilder zusammen, auf die er nun anschließend zu kegeln hat. Dabei gilt folgende Regel:

Pro Bild stehen jedem Spieler max. 3 Wurf zu. Die benötigten Würfe + die Anzahl der noch nicht gefallenen Kegel werden zusammengezählt.

Beispiel: In der Abbildung hat ein Spieler die Bilder mit den Werten 1–2–5–6–7 und 1–3–5–6–9 gezogen. Er macht 3 Wurf auf das 1. Bild, der rechte Bauer bleibt stehen. Das sind 3 Wurf + 1 Kegel = 4 Punkte. Im 2. Bild räumt er bereits mit dem 2. Wurf das komplette Bild ab = 2 Punkte. Insgesamt hat der Spieler nun 6 Punkte. Bei diesem Spiel gilt natürlich: Je weniger Punkte – desto besser die Platzierung.

Wertung: halbe/halbe

Fuchsjagd Lattenzaun X/1 Volle E

Spieler	vorgelegt		Striche	Strafe
A	0	8	///// ///// ///// //	25
B	4	7	///// ///// /	25
C	6	9	////	5
D	3	3	///// ///// ///// /////	20
E	4		///// ///// //	15

Die „*Fuchsjagd*“ zählt zu den verbreitetsten und beliebtesten Spielen überhaupt. Im Verlauf des Spiels ist jeder Mitspieler für einen Durchgang der „*Fuchs*“. Dieser legt mit der kleinsten vorhandenen Kugel einen Wurf vor, auf den die Jäger mit der großen Kugel alle nachwerfen. In der Regel werden die Jäger mehr Holz werfen, diese

werden dem „*Fuchs*“ dann als Striche notiert. Wirft ein Jäger jedoch weniger, so wird ihm die Differenz angeschrieben.
Es gilt also hierbei, als „*Fuchs*“ mit der kleinen Kugel ein möglichst hohes Ergebnis vorzulegen, wie zum Beispiel der Spieler C im Schaubild. Die Spieler A bis D haben schon gespielt. Im Moment ist E der „*Fuchs*“, der 4 vorlegt. A wirft eine 8, B eine 7, C eine 9 und D eine 3. Daraus ergeben sich für den „*Fuchs*“ 12 Striche, und einen Strich erhält noch der Spieler D für seinen geringeren Wurf mit 3.

Wertung: Den Spielern wird die Anzahl ihrer Striche – nach oben auf volle 5 gerundet – als Strafen verbucht.

510 X/1 Volle E

Das Spiel 510 wird ähnlich gespielt wie das in diesem Buch beschriebene ➔ *Sautreiben*. Ein Spieler versucht die Zahl „510“ zu erreichen, während die Mitspieler durch Nachwürfe ihn daran hindern wollen. Bei diesem Spiel zählt *jedes* Wurfergebnis **zehnfach**. Wird der König jedoch mit zu Fall gebracht, so gibt es 20 *Extrapunkte* (eine 9 zählt also nicht als 90, sondern als 110). Bleibt der König stehen, werden 10 *Punkte abgezogen*.
Eine 7 mit König zählt demzufolge 90 Holz, eine 7 ohne König dagegen nur 60 Holz.
Der Gejagte hat wie beim „*Sautreiben*“ einen Wurf Vorsprung.

Wertung: Erreicht der Gejagte „510“, zahlen alle anderen 0,10 Euro; verliert er das Rennen, dann zahlt er selbst 0,50 Euro.

25er-Spiel X/1 Volle E

Spieler	Würfe	Summe	Strafen
A	7, 8, 1, 4,–3	7 34 [50] [76] 98	75
B	6, 5, 7, 7, 3	13 39 57 83 [102]	30, 100
C	6, 3, 8, 6	19 42 65 89	30
D	7, 7, 7, 6	[26] 49 72 95	25, 30

50 eingestellt, alle anderen zahlen 30 Ct.

Das 25er-*Spiel* verlangt in gleicher Weise Spielkönnen und Taktik ab, was manchmal zu überraschenden Ergebnissen für einzelne Spieler führt. Daher ist dieses Spiel geeignet, für gute Stimmung zu sorgen.

Das Spiel ist sehr einfach: Es wird in die Vollen gekegelt. Die Ergebnisse werden fortlaufend summiert. Für den einzelnen Spieler zählt also nicht sein eigenes Ergebnis, sondern immer die zustande gekommene Gesamtsumme.

Dabei gilt:

- Wer durch seinen Wurf die 25er-Zahlen überschreitet (also 25–50–75–100–125–150–175), zahlt als Strafe den jeweiligen Überhang in 10-Cent-Stücken.
- Steht man kurz vor einer 25er-Zahl, und gelingt es, mit dem eigenen Wurf diese genau einzustellen, so trifft es die Mitspieler, und zwar jeden mit 20 Cent.

Wertung: Zum Schluss wird für jeden die Summe der Einzelstrafen ermittelt und angeschrieben.

Besonderheiten: Jeder Spieler muss „Holz holen“, das heißt, bei einem Pudel muss er so lange nachwerfen, bis Holz fällt. Der Pudel wird natürlich extra festgehalten.
Die Reihenfolge der Spieler sollte ausgelost werden. Geworfen wird abwechselnd reihum.

Goldene 5 — 2/20 Fig Volle E

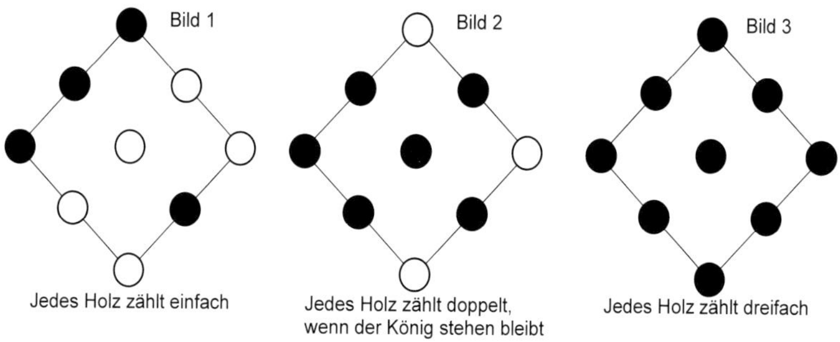

Die *Goldene* 5 ist ein sehr interessantes Spiel, weil hierbei die Möglichkeit besteht, durch gute Würfe zusätzliche Bilder aufgestellt zu bekommen, die für das eigene Punktekonto beträchtlich zu Buche schlagen.
Gespielt wird in 2 Durchgängen zu je 2 Wurf. Zunächst werden für jeden Spieler die „Vollen“ aufgestellt. Gelingt nun, daraus eine 5 zu werfen (s. Abbildung), so hat der Spieler zusätzlich als Belohnung

die Möglichkeit, auf die Figur 2 zu werfen. Er hat dazu wieder 2 neue Versuche. Gelingt ihm diesmal, die beiden Damengassen abzuräumen, ohne dass der König fällt, so zählt nicht nur jede Dame 2 Punkte, sondern er erhält zusätzlich ein 3. Bild, nämlich nochmals das volle Kegelbild. Er hat jetzt noch einen Wurf darauf, wobei jetzt jedes Holz 3fach zählt.
Klappt das Abräumen mit 2 Wurf ohne König auf Figur 2 nicht, so erhält man zumindest für jede Dame 2 Punkte, wenn der König noch steht, sonst je 1 Punkt gutgeschrieben. Das Bild 3 steht dann natürlich nicht zur Verfügung.

Beispiel: Der Spieler A wirft in die Vollen und kegelt dabei eine 5 (wie in Abb. l). Dafür bekommt er nun Figur 2 aufgestellt. Er räumt mit 2 Wurf die Damengassen ab, aber der König fällt mit. Dann hat er folgendes Ergebnis: 5 Punkte für die 5 Holz aus den Vollen und 4 Punkte für die Damen = 9 Punkte. Hätte er nun abgeräumt ohne König, dürfte er nochmals in die Vollen werfen, zum Beispiel eine 6. Dann würde ihm folgendes Ergebnis notiert: 5 plus 8 (für die Damen ohne König) plus 3 x 6 = 31 Punkte.

Wertung: halbe/halbe

Übrigens: Das 3. Bild zu erreichen, dürfte nur in Ausnahmefällen möglich sein oder bei besonders versierten Keglern. Deshalb ist dieses Bild auch so hoch bewertet.
Es sei darauf hingewiesen, dass jeder Spieler 2 Würfe je Durchgang hat. Auch wenn er beim 1. Wurf schon die Serie von 3 Bildern erreicht, darf er es nochmals versuchen.

Großer Preis 4/1 Volle E

Spieler	1 2 3 4	
A	1 2 3 X	gewinnt 1,23 Euro
B	X X 3 X	verliert 0,60 Euro
C	1 X 3 4	gewinnt 0,50 Euro
D	1 2 X X	verliert 0,30 Euro
E	X X X X	verliert 1,00 Euro

Gewinnstufen		
4 Zahlen	zusammenhängend	4,44 Euro
3 Zahlen		1,23 Euro 2,34 Euro
3 Zahlen	unterbrochen	0,50 Euro
2 Zahlen	zu bezahlen	0,30 Euro
1 Zahl		0,60 Euro
Keine		1,00 Euro

Der *Große Preis* hebt sich aus den bisher beschriebenen Spielen deutlich ab. Es handelt sich um ein Spiel, bei dem nicht nur zu verlieren ist. Man kann vielmehr aktiv einen gewissen Geldbetrag gewinnen.

Die Grundidee dieses Spiels ist recht einfach. Es wird in der Reihenfolge auf die Zahlen 1–2–3–4 geworfen. Getroffene Zahlen werden angeschrieben.

Wertung: Je nach den Gewinnstufen in umseitiger Abbildung. Hat man mehr als 2 Zahlen getroffen, so gewinnt man schon 0,50 Euro, wie zum Beispiel der Spieler C. Der Höchstgewinn für 4 Zahlen beträgt 4,44 DM. Trifft man keine der geforderten Zahlen, dann muss man allerdings 1,00 DM bezahlen.

Kaiserpartie 5/2 Abr + E

5 mal 2 WURF ABRÄUMEN

Der Name kommt daher, dass nach Spielende die beste Keglerin und der beste Kegler zur Kaiserin beziehungsweise zum Kaiser ernannt werden.
Hierbei wird in 5 Durchgängen mit je 2 Wurf nur auf Abräumen gespielt. Das ist manchen vielleicht zu wenig abwechslungsreich, vor allem erfahrenen Keglern. Die Erfahrung zeigt aber, das bei diesem Spiel gute Stimmung aufkommt und man sich, da man sich nicht auf kompliziertere Spiele konzentrieren muss, gesellig unterhalten kann.

Wertung: halbe/halbe

Hammelsprung 6/2 Fig E

Beim *Hammelsprung* handelt es sich wieder um ein Spiel auf verschiedene Figuren, wobei nacheinander die 3 Kegel in der linken Bauernreihe und der rechten Reihe vom Vorderholz aufgebaut werden, wie in der Abbildung dargestellt.

In jedem Durchgang wird auf eine andere Figur gekegelt, wobei aber jedes Bild 2-mal aufgestellt wird. Dabei haben die verschiedenen Figuren unterschiedliche Multiplikatoren.

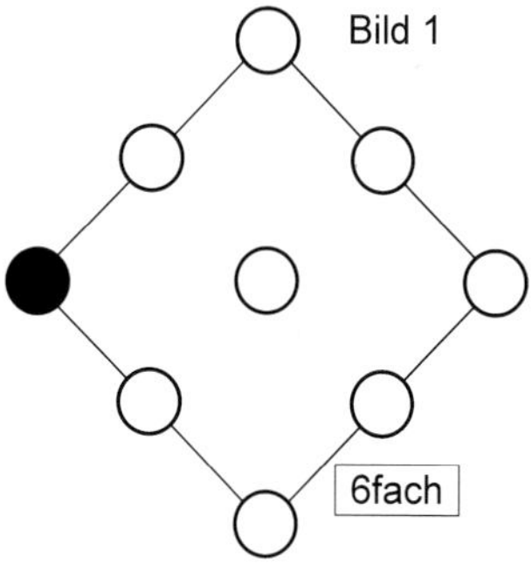

Bild 1

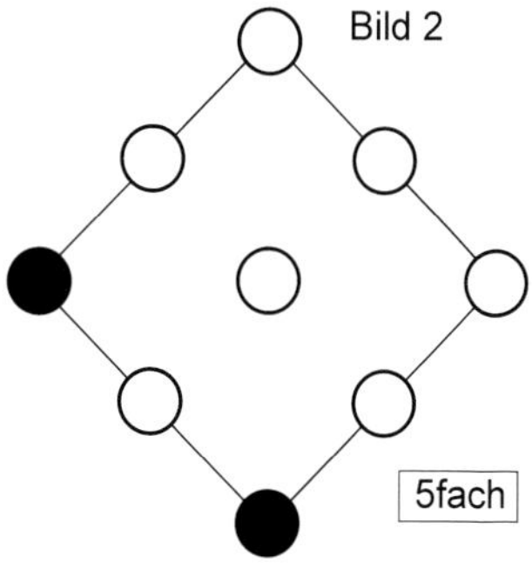

Bild 2

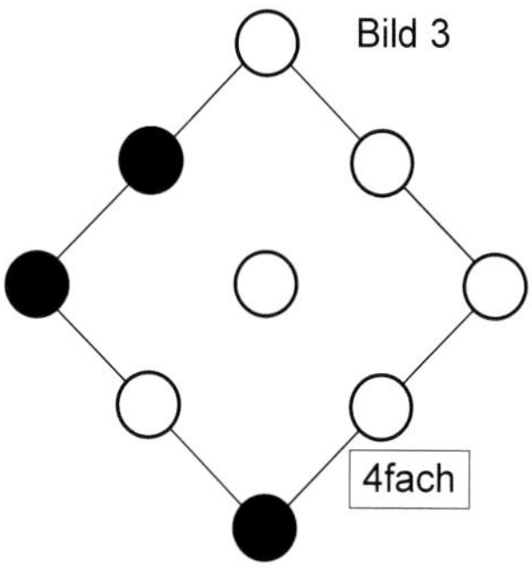

Bild 3

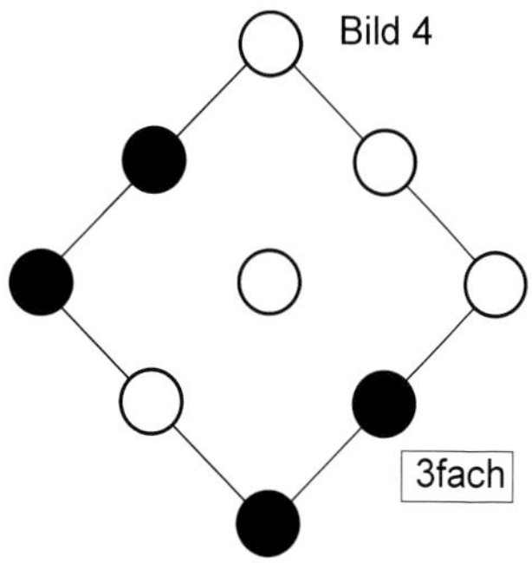

Bild 4

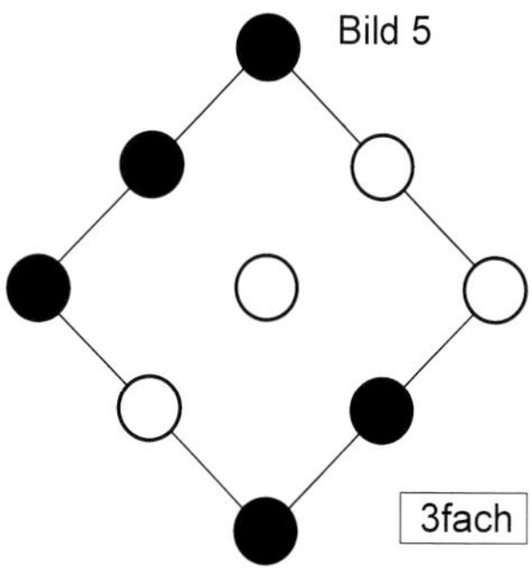

Bild 5

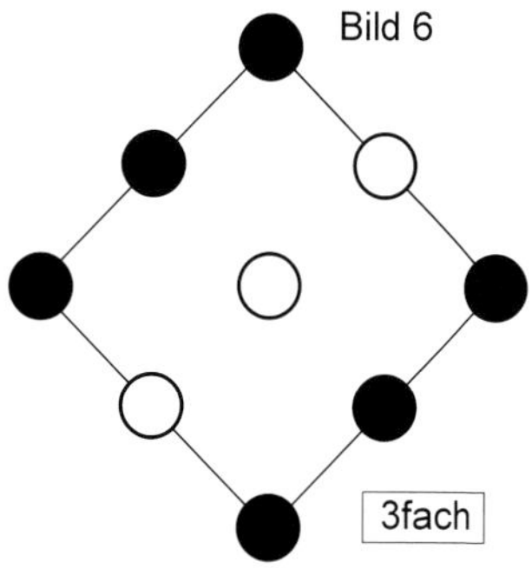

Bild 6

Wertung: halbe/halbe

Übrigens: Beim 2. Wurf auf dasselbe Bild wird nicht abgeräumt, sondern die komplette Figur erscheint wieder, egal, was im 1. Wurf gefallen ist.

Höchstpunktzahl: 146 Holz

||| **TIPP**

Beim *Hammelsprung* lohnt es sich, eine Rekordliste zu führen.

Kalauer 2/X Abr E

SPIELER	1. Durchgang		2. Durchgang		
	Holz	Würfe	Holz	Würfe	Gesamt
A	18	6	14	3	23
B	7	2	8	5	8
C	13	3	21	4	27
D	8	1	14	5	16
E	5	2	8	2	9

»Holz« addieren und davon »Würfe« abziehen

Dem *Kalauer-Spiel* liegt eine ähnliche Grundregel zugrunde wie der → *Eisbärenjagd*. Jeder Spieler beginnt in die Vollen und darf dann so lange abräumen, wie er noch „Holz" trifft, maximal aber 2 Platten. Macht er einen Fehlwurf oder Pudel, muss er aufhören.

Gespielt werden 2 Durchgänge. Von der insgesamt erreichten Holzzahl wird dann die Anzahl der Würfe abgezogen. Kranz zählt hierbei „12".

Wertung: halbe/halbe

Kegeluhr X/1 Volle E

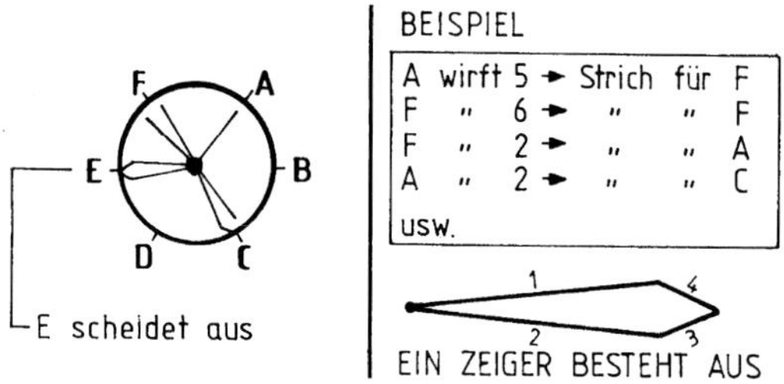

Die *Kegeluhr* ist ein sehr beliebtes Spiel, es bereitet viel Vergnügen. Allerdings ist hier viel Glück im Spiel, und es zählt weniger das Können.

Die Mitspieler werden im Uhrzeigersinn ähnlich den Ziffern einer Uhr aufgeschrieben (Abbildung). Der 1. Spieler (von der 12 gesehen der Nächste im Uhrzeigersinn) beginnt mit einem Wurf in die Vollen. Wirft er zum Beispiel eine 5, so erhält der Spieler 5 Plätze hinter ihm einen Strich aus den Umrissen eines Uhrzeigers. Dieser darf dann weiterwerfen.

Der Zeiger besteht aus 4 Strichen. Wer seinen Zeiger fertig hat, scheidet aus.

Wertung: halbe/halbe

Übrigens: Durch gezielte Würfe kann man bei diesem Spiel einen Mitspieler aufs Korn nehmen und ihm das „Leben schwer machen“.

Kleine Hausnummer 3/1 Volle E

Dieses Spiel wird nach den gleichen Regeln gespielt wie ➔ *Hohe Hausnummer*, allerdings mit dem Unterschied, dass es um niedrige Zahlen geht.

Beste erreichbare Zahl: 111

Wertung: halbe/halbe Pudel zählen 9 (!) Punkte, läuft die Kugel durch die Kegel, ohne einen umzuwerfen, so zählt der Wurf 5 Holz.

Varianten: Auch hierbei gelten dieselben Varianten wie beim Spiel ➔ *Hohe Hausnummer*.

Königspartie 2/5 Volle Abr + E

5 mal in die VOLLEN
5 mal ABRÄUMEN

Die *Königspartie* wird in 2 Durchgängen gespielt: 1. Durchgang 5 Wurf in die Vollen, 2. Durchgang 5 Wurf Abräumen. Die Ergebnisse werden addiert.

Wertung: halbe/halbe

Die beste Dame und der beste Herr werden danach zur Königin und zum König ernannt (s. dazu auch ➔ *Kaiserpartie*).

Übrigens: Bei diesem Spiel sollte man auf jeden Fall die Rekorde notieren!

Mensch-ärgere-Dich-nicht X/1 Volle E

Das Spiel *Mensch-ärgere-Dich-nicht* kennt sicherlich jeder als Brett- und Würfelspiel.
Beim Kegeln sorgt dies immer für Stimmung im Club.
Man spielt in die Vollen und addiert, jeder für sich, die Würfe bis „51"; dann ist das Spiel beendet – vorausgesetzt, man erreicht das Ziel. Es gelten nämlich folgende Regeln:

- Wer eine „6" wirft, darf nochmals werfen.
- Erreicht man die Zahl eines Vorgängers, so wird dieser „rausgeschmissen" und muss wieder bei „0" starten.

Wertung: Es gibt hierbei nur einen Sieger, und zwar den, der **genau** „51" erreicht.

Besonderheiten: Im 1. Durchgang gibt es noch keinen Rausschmiss, um jedem erst einmal die Chance zu geben, aus den

„Startlöchern“ zu kommen. Zum Rauswerfen eignen sich keine Zwischenwerte (zum Beispiel zählt bei mehreren Würfen mit „6“ nur das endgültige Ergebnis).
Spannend wird es, wenn einer oder mehrere Spieler nahezu die „51“ erreicht haben und darauf warten müssen, eine bestimmte Zahl zu werfen, um genau zu „landen“. So manch einer ist noch kurz vorm Ziel abgeschossen worden.
Die Reihenfolge der Spieler sollte vorher ausgelost werden.

Millionenspiel 5/1 Volle E

Spieler	20	40	60	80	100	Strafen
A	⊖	~~4~~	④	~~6~~	~~8~~	80
B	~~3~~	~~5~~	~~7~~	~~6~~	8	–
C	⊖	④	~~6~~	⑤	~~7~~	1,40
D	~~2~~	~~5~~	~~7~~	~~7~~	⑦	1,00
E	~~3~~	~~5~~	~~6~~	~~6~~	~~7~~	–

Ebenso bekannt wie das ➔ *6-Tage-Rennen* ist das *Millionenspiel*, das unter vielen anderen Namen bekannt ist, z. B. Lotto oder Bingo. Man zeichnet das Schema (s. Bild) an die Tafel mit den Spalten 20–40–60–80–100.

Gespielt wird pro Durchgang 1 Wurf in die Vollen. Das Ergebnis wird nach Wahl in eine der Spalten gesetzt.

Zu beachten ist dabei: Die geringste Holzzahl jeder Spalte verliert den Spielbetrag der Spalte!
Bei gleichtiefen Zahlen verliert der, der *zuletzt* sein Ergebnis hierhin gesetzt hat.
Zur Übersicht streicht der Schreiber an der Tafel gleiche oder höhere Zahlen, die schon in den Spalten angeschrieben stehen, durch, sodass immer nur die tiefste Zahl pro Spalte offen steht.

Wertung: Die Spieler zahlen die Spaltenspielbeträge, die sie verloren haben (Kreis).

Besonderheit: Ein vorangegangener Pudel wird nicht durch einen später nachgesetzten Pudel ausgelöscht. Pudelwerfer zahlen jeder für sich den Spielbetrag der betreffenden Spalte.

Variante: Eine kassenträchtige Variante ist folgende: Alle mit gleichtiefer Zahl in einer Spalte verlieren den jeweiligen Spielbetrag. Es kann also pro Spalte mehrere zahlende Verlierer geben. Das Bild des Tafelanschriebs (Seite 87) zeigt, dass es beim Grundspiel durchaus nicht notwendig ist, ein exzellenter Kegler zu sein.
Man kann – wie bei Spieler E ersichtlich – auch mit mittleren Ergebnissen durchaus gewinnen. Denn sehr oft wird eine geringe Zahl gewinnen können, wenn sie beherzt früh hoch gesetzt wird, also in eine teuere Spalte. Lässt man die 80er- und 100er-Spalten zu lange offen in der Hoffnung, noch einen besseren Wurf zu landen, so kann es passieren, dass man zum Schluss alle billigen besetzt hat und nun auf diese Spalten werfen **muss**. Das kann dann teuer werden …

Multiplikation 4/1 Volle E

SPIELER	1 D	2 D		3 D		4 D		Su.
A	6	5	30	5	150	6	900	1086
B	7	3	21	4	84	7	588	700
C	6	6	36	5	180	5	900	1122
D	7	8	56	5	280	7	1960	2303
E	3	7	21	4	84	9	756	864

Das Spiel *Multiplikation* sollte mit viel taktischem Einfühlungsvermögen gespielt werden.

Angesetzt werden 4 Durchgänge in die Vollen mit je einem Wurf; dabei wird der 1. Durchgang mit dem 2. malgenommen, das Ergebnis mit dem 3. und schließlich mit dem 4. Durchgang (s. Tabelle). Die Zwischenresultate der einzelnen Durchgänge werden also fortlaufend miteinander multipliziert.
Zum Schluss jedoch werden die Ergebnisse dieser Zwischenmultiplikationen addiert und bilden dann erst das Gesamtergebnis. Es kommt also nicht nur darauf an, im letzten Durchgang ein möglichst hohes Produkt zu erreichen, sondern auch die Zwischenprodukte sollten wegen der anschließend erfolgenden Addition bereits einen hohen Stand erreicht haben.

Dies zeigt die Tabelle, wo die beiden Spieler A und C, die nach der Multiplikation beide 900 haben.

In der Endabrechnung aber gewinnt C vor A.

Wertung: halbe/halbe

Plattenputzen 3/5 Abr E

WERTUNG	
abgeräumt mit	Punkte
1 WURF	9
2 WURF	7
3 WURF	5
4 WURF	3
5 WURF	1

Beim *Plattenputzen* muss versucht werden, eine volle Platte mit *wenig* Würfen abzuräumen. Gespielt werden 3 Durchgänge zu je 5 Wurf maximal.

Zählweise: Wie in der Tabelle dargestellt, gibt es für die Anzahl benötigter Würfe die entsprechenden Punkte. Die 3 Durchgänge werden zusammengezählt.

Wertung: halbe/halbe

Besonderheit: Pudel zählt als Wurf.

Plus-Minus-Mal 3/1 Volle E

SPIELER	+	–	=	x	=
A	6 + 7	4	9	5	45
B	8 + 7	1	14	7	98
C	5 + 9	9	5	8	40
D	4 + 0	6	0		ausgeschieden
E	0 + 6	3	3	7	21

Plus – minus – mal ist ein sehr interessantes Spiel, da die Spielanforderungen von Wurf zu Wurf andere sind. Gespielt wird auch hierbei ausschließlich auf das volle Bild.
Spielweise: Wurf 1 und 2 werden addiert, davon wird der 3. Wurf abgezogen und das Ergebnis mit dem Resultat des 4. Wurfs malgenommen. Wurf 1 und 2 werden hintereinander ausgeführt. Beim 2. Durchgang muss man versuchen, möglichst wenig zu werfen, um sein Konto nicht allzu sehr zu schmälern. Beim 3. Durchgang (Malnehmen) kann man wieder ordentlich „zuschlagen".

Wertung: halbe/halbe; vorzeitiges Ausscheiden kostet doppelte Strafe.

Besonderheit: Spieler mit 0 als Zwischenbilanz nach dem 2. Durchgang scheiden aus, da 0 x jede beliebige Zahl immer 0 bleibt.

Variante: Eine beliebte Variante, die auch oft gespielt wird, ist das Anhängen eines 4. Durchganges (Dividieren). Allerdings ist hier eine größere Rechenleistung zu erbringen, da oftmals gebrochene Zahlen herauskommen.

Quadratspiel 2/2 Volle E

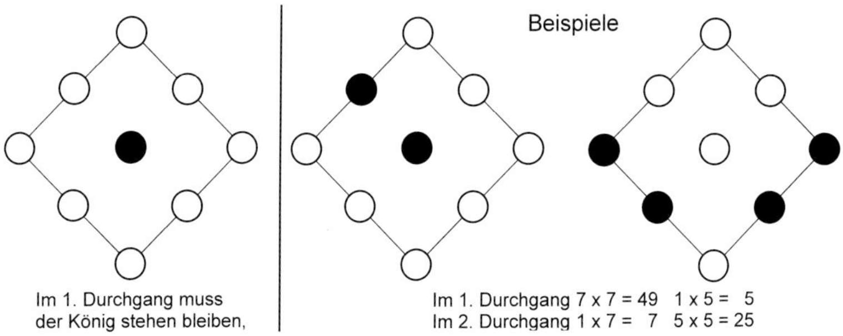

Das *Quadratspiel* wird in die Vollen gespielt mit 2 Durchgängen. Das Spiel ist besonders reizvoll, da 2 verschiedene Bedingungen zu erfüllen sind: Im 1. Durchgang muss der König stehen bleiben, dann zählt das Ergebnis im Quadrat. Im 2. Durchgang muss der König mitfallen, damit quadriert werden kann. Werden diese Bedingungen nicht erfüllt, zählt das Wurfergebnis einfach.

Wertung: halbe/halbe

Übrigens: Jeder Wurf wird ins volle Kegelbild gespielt.

Höchstpunktzahl: 290 = 64 + 64 + 81 + 81
Die Höchstpunktzahl im 1. Durchgang ist also 8 x 8 = 64, da ja der König stehen bleiben muss; im 2. Durchgang 9 x 9 = 81.

Besonderheit: Quadrieren heißt, die erzielte Zahl mit sich selbst malzunehmen, nicht, sie zu verdoppeln, wie es manchmal fälschlich geschieht.

Rambo 2/1 Volle E

Spieler	1. D	2. D
A	4	scheidet aus
B	7	+ 7 ~~14~~
C	6	+ 9 15
D	8	0 ~~8~~
E	8	+ 7 15
F	5	scheidet aus
G	6	+ 7 ~~13~~

Beispiel

Nach dem 1. Durchgang führen die Spieler D und E. E, der zuletzt die 8 erzielt hat, beginnt den 2. Durchgang und erreicht insgesamt 15. A und F scheiden aus, da sie 15 nicht mehr erreichen können.

Weitergespielt wird nun in der Reihenfolge D–B–d–G. Dabei gelingen C ebenfalls 15 Holz; er macht also »Rambo«.

Die Kasse bleibt fürs nächste Spiel erhalten.

Es gibt Kegelclubs, vorwiegend Männerclubs, die einen ganzen Abend lang nur *Rambo* spielen.
Rambo ist ein überaus spannendes Wettkampfspiel für Gesellschaftskegler. Ähnlich wie das Spiel → *Chicago* eignet es sich hervorragend, um als Abschlussspiel einen Kegelabend zu beenden. Rambo wird grundsätzlich in die eigene Kasse gespielt, sonst verliert das Spiel seinen Reiz.

Bei *Rambo* werden 2 Durchgänge mit je 1 Wurf gespielt. Nach dem 1. Durchgang wirft der Spieler mit dem höchsten Ergebnis den 2. Durchgang an. Stehen mehrere Spieler gleich hoch, so wirft der

Spieler, der zuletzt Gleichstand erzielt hat, an. Die beiden Durchgänge werden addiert und bilden das Gesamtergebnis. Im 2. Durchgang dürfen nur noch diejenigen Spieler mitmachen, die an das vorgelegte Ergebnis mit 9 noch herankönnen. Wer dies nicht mehr kann, scheidet aus. Nach dem Spieler, der den 2. Durchgang eröffnet hat, werfen nun alle anderen in der Reihenfolge ihrer Ergebnisse aus dem 1. Durchgang.

Beispiel: Nach dem 1. Durchgang führen die Spieler D und E. E, der zuletzt die 8 erzielt hat, beginnt den 2. Durchgang und erreicht insgesamt 15. A und F scheiden aus, da sie 15 nicht mehr erreichen können.
Weitergespielt wird nun in der Reihenfolge D–B–C–G. Dabei gelingen C ebenfalls 15 Holz; er macht also „RAMBO“. Die Kasse bleibt fürs nächste Spiel stehen.

Wertung: Sieger ist der Spieler mit dem besten Gesamtergebnis, er erhält die gesetzte Kasse. Üblicherweise wird für ein Rambo-Spiel von jedem Spieler 0,50 Euro gesetzt. Spannend wird die Sache, wenn 2 oder mehr Spieler zum Schluss gleichauf liegen; in diesem Falle spricht man davon, dass die Spieler „Rambo“ erzielt haben; das heißt, die Kasse bleibt für ein weiteres Spiel stehen, es wird nichts ausgezahlt. Die „Rambo“-Gewinner sind für das nächste Spiel jedoch beitragsfrei; alle anderen setzen erneut 0,50 Euro. Das Spiel wird dann von dem zuletzt dazugekommenen Rambo-Spieler wieder begonnen.

Reise um die Welt 5/2 Fig E

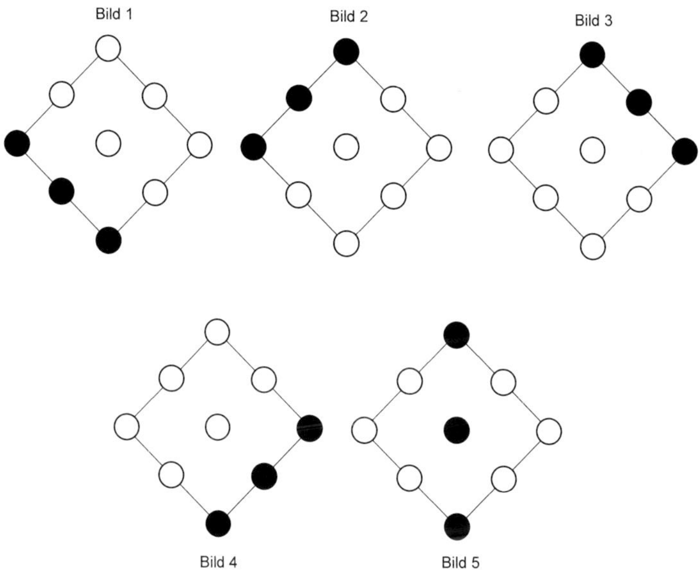

Wer möchte nicht auch einmal an einer *Reise um die Welt* teilnehmen? Hier hat jeder das Vergnügen, wenn es auch nur eine kleine bescheidene Reise im Kegelspiel ist. Mit je 2 Wurf wird nacheinander auf die 5 verschiedenen Bilder gekegelt. Jedes Holz zählt dabei 5 Punkte, je 3 Holz zusammen ergeben sogar 20 Punkte.

Höchstpunktzahl: 200 Punkte

Wertung: halbe/halbe
Für jeden Wurf ist das jeweilige Bild immer komplett aufzustellen. Auch bei diesem Spiel lohnt es sich, eine Rekordliste anzulegen.

Sargkegeln → Totenkiste

Sautreiben X/1 Volle E

Spieler	V	Diff.	Würfe
A	❍	+ 7	
B	X	– 14	
C	X	– 23	7_{+7} 14_{+6} 20_{+9} 29
D	❍	+ 12	
E	X	– 22	6_{+7} 13_{+4} 17_{+5} 22_{+7} 29

Ein oft gespieltes Spiel ist *Sautreiben*. Das Gleiche gilt für → *Fuchsjagd*. Beide Spiele gehören fast überall zum Repertoire; allerdings werden beide Spiele regional auch umgekehrt benannt. Was man als Sautreiben kannte, heißt dann plötzlich Fuchsjagd und umgekehrt.

Grundregeln: Im Verlauf des Spiels ist jeder abwechselnd einen Durchgang lang die „Sau", die von den Jägern getrieben wird. Gespielt wird in die Vollen.

Die „Sau" erhält zu Beginn einen Vorsprung von einem Wurf, sie wirft also den 1. und 2. Wurf hintereinander, dann sind erst die „Treiber" dran. Im weiteren Verlauf wirft die „Sau" im Wechsel mit den Treibern je einmal in die Vollen. Die „Sau" ist gerettet, wenn sie die Zahl „51" erreicht, ohne eingeholt worden zu sein. Die Abbildung zeigt die Schreibweise des Spiels. In der Spalte V wird angegeben, ob der betreffende Spieler verloren hat (X) oder „51" erreicht hat (0). In der nächsten Spalte wird die jeweilige Differenz angegeben. Bei den Erfolgreichen wird dabei die Differenz von „51" zu den Treibern als Plusergebnis notiert; bei den Eingeholten wird die Differenz der „Sau" zu ihrem Ziel „51" als Negativergebnis angeschrieben.

Zur Erläuterung der Abbildung: Die Spieler A bis D haben bereits als „Sau" gespielt, dabei kamen A und D ins Ziel, B und C wurden von den Treibern eingeholt. Im Moment spielt nun der Spieler E die „Sau". Er wirft eine 6 als Startvorgabe und eine 7 hinterher. Die Treiber holen 7 Holz. Die „Sau" schafft jetzt nur noch 4 Holz, die Treiber dagegen 7. Sie rücken also langsam näher, bis sie die „Sau" bei 29 eingeholt haben. Als Differenz werden dem Pechvogel die fehlenden Holz bis 51, also 22, negativ angeschrieben.

Wichtig: Die Treiber werfen bei ihrer Jagd immer abwechselnd.

Wertung: Verliert die „Sau" das Rennen, zahlt sie 0,50 Euro; erreicht sie ihr Ziel, zahlen alle Treiber je 0,20 Euro. Es ist auch eine halbe/halbe-Wertung möglich, wenn die Differenzpunkte dazu herangezogen werden.
Nimmt man jedoch die erste Art der Wertung, braucht man die Differenzpunkte nicht an der Tafel zu ermitteln. Dann entfällt diese Spalte.

Übrigens: Die *„Sau"* ist geschlagen, wenn die Treiber irgendwann das Ergebnis der *„Sau"* einholen. Sie müssen also nicht überbieten.

Variante: Eine gern gespielte Variante ist folgende: Das Grundspiel wird gespielt wie oben, nur zählen Würfe, bei denen das Vorderholz mitfällt, *10fach*, sonstige einfach. Das Ziel liegt hierbei dann bei ➔ „510“.

Scharfschütze 2/5 Fig E

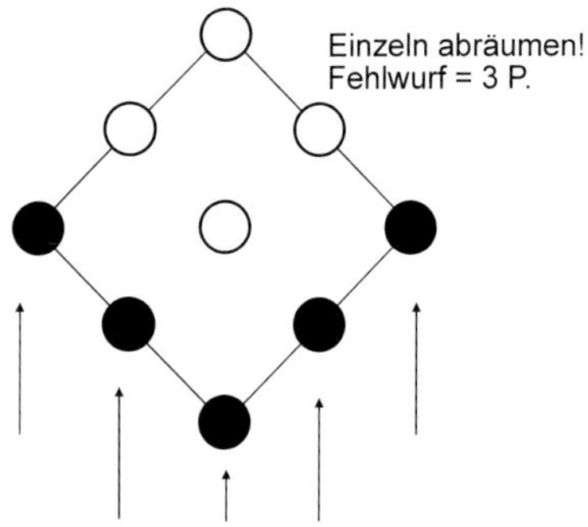

Beim *Scharfschützen-Spiel* wird auf den Vorderkranz gekegelt, wobei es darauf ankommt, möglichst Holz für Holz einzeln abzuräumen. Jedes Holz. zählt einen Punkt, Fehlwürfe (durchgelaufen oder Pudel) zählen 3 Punkte.

Jeder Spieler *muss* seine 5 Wurf pro Durchgang werfen. Ist der Vorderkranz bereits nach weniger als 5 Wurf abgeräumt, muss auf eine neue Platte weitergeworfen werden.

Sieger ist, wer die geringste *Holzanzahl* mit seinem 2 x 5 Wurf erreicht. Die beste Punktzahl wäre demnach 10.

Wertung: halbe/halbe

Schwimmen X/1 Volle E

Spieler		1. D	2. D	
A	/+//	7	9	
B	+++	6 x	5 x	
C	l++	6 x	4 x	
D	++	7	4 x	
E	++/	4 x	6	

Beim *Schwimmen* erhält jeder Spieler 2 Striche als Startkapital. Gespielt wird je Durchgang ein Wurf in die Vollen. Nach jedem Durchgang wird der schlechteren Hälfte der Spieler, die diesen Durchgang also verloren haben, ein Strich weggenommen. Hat ein Spieler irgendwann keinen Strich mehr, darf er noch so lange mitspielen (mitschwimmen), wie er nicht wieder verliert.

Folgende Regelungen sind bei diesem Spiel noch zu beachten:

- Für eine Stina (3 durch die Mitte) werden 6 Holz notiert, und der Spieler erhält einen zusätzlichen Strich.
- Für eine 6 erhält der Spieler einen Strich von seinem Vordermann.
- Für eine 9 erhält er je einen Strich vom Vorder- und vom Hintermann.

Man kann also durch diese 3 Würfe sein Startkapital aufbessern, beziehungsweise sich vor dem Ausscheiden retten.

Erläuterung zur Abbildung (*s. Seite* 99): Geworfen wurden im 1. Durchgang die Ergebnisse wie angeschrieben; dabei hatte B eine 6 geworfen, erhält dafür einen Strich von A;
C erhält für seine 6 einen Strich wiederum von B. Die Spieler B, C und E verlieren nun diesen Durchgang und damit je einen Strich von ihrem Kapital. Damit sieht es nach dem 1. Durchgang wie im Bild oben rechts aus. Den 2. Durchgang dürfte nun jeder selbst nachvollziehen können.

Wertung: Es gewinnt nur der Sieger, alle anderen zahlen 0,10 Euro für jeden durch Ausscheiden nicht mehr mitgespielten Durchgang.

Übrigens: Die Reihenfolge der Spieler ist vorher auszulosen.

6-Tage-Rennen 111er-Spiel 5/1 Volle E

SPIELER	1 D	2 D		3 D		4 D		Su.
A	6	5	30	5	150	6	900	1086
B	7	3	21	4	84	7	588	700
C	6	6	36	5	180	5	900	1122
D	7	8	56	5	280	7	1960	2303
E	3	7	21	4	84	9	756	864

Bei dem Spiel 6-*Tage-Rennen* handelt es sich um ein altes, traditionsreiches Spiel, das in vielen traditionsreichen Clubs zum festen Repertoire zählt.
Gespielt werden 6 Durchgänge zu einem Wurf in die Vollen. Nach dem Wurf kann der Spieler entscheiden, auf welchen Tag sein Ergeb-

nis gesetzt wird. Das ist insofern von großer Bedeutung, als nun das Wurfergebnis mit der Zahl des Tages malgenommen wird. Eine 8, auf den 6. Tag gesetzt, ergibt zum Beispiel 6 x 8 = 48 Punkte.

Wertung: halbe/halbe, aber unter 111 verliert man doppelt.

Varianten:

- Gespielt wird auch oftmals mit Pflichtsetzen in der Reihenfolge vom 1. bis zum 6. Tag.
- Das Spiel kann mit jeweils 2 Wurf Abräumen mit Kranz pro Durchgang gespielt werden.
- Bekannt ist auch die Variante, dass vor dem Wurf angesagt werden muss, wohin das Ergebnis gesetzt werden soll.

Übrigens: Über dieses Spiel sollte man eine Rekordliste führen.

6-Tage-Rennen niedrig 6/2 Volle E

Das *Grundspiel* ist identisch mit → *6-Tage-Rennen*. Pro Durchgang müssen jedoch 2 Wurf gespielt werden, wobei pro Wurf mindestens 1 Holz fallen muss, sonst wird er mit 9 „bestraft“. Die Ergebnisse von jeweils 2 Wurf können nach Wahl gesetzt werden.

Achtung: Wenig Holz gewinnt!

Wertung: halbe/halbe

Besonderheit: über „99“ verliert doppelt.

7 Abwärts X/1 Volle E

7 Abwärts ist ein relativ junges Spiel, das auf der Kegelbahn aufgetaucht ist. Dabei wird in die Vollen gekegelt; Punkte gibt es aber nur für den König und die beiden Bauern, also die große waagrechte Reihe.

Der Spielverlauf: Zunächst erhält jeder Spieler eine Vorbelastung von 7 Punkten angeschrieben. Es gilt, möglichst schnell auf „0“ zu kommen, und zwar durch Würfe in die Vollen. Dabei wird für jeden gefallenen Bauern und König je ein Punkt gerechnet und von der Schuld (7) abgezogen. Das gefallene Kegelbild als solches spielt keinerlei Rolle.
Hinzu kommt eine Erschwernis: Erzielt man bei seinem Wurf 0 Punkte, fällt also kein Bauer oder der König mit, so wird die Schuld um 3 erhöht. Wer die Zahl „11“ auf diese Weise erreicht, ist „tot“ und scheidet aus.

Wertung: Sieger ist, wer zuerst auf 0 kommt. In diesem Falle wird der Durchgang noch zu Ende gespielt. Die verbliebenen Schuldpunkte bei den Spielern werden mit 10 multipliziert. Diese Zahl bezeichnet die Geldschuld in Cent. Wer also bei Spielende noch 5 Schuld-punkte hat, muss 50 Cent zahlen.

Ausnahme: Wer vorzeitig mit „II“ ausscheidet, zahlt dafür 1 Euro Strafe.

Übrigens: Die Würfe werden abwechselnd gespielt. Die maximale Punktzahl für einen Wurf beträgt 3 Punkte.

7 Tage hat die Woche X/X Volle E

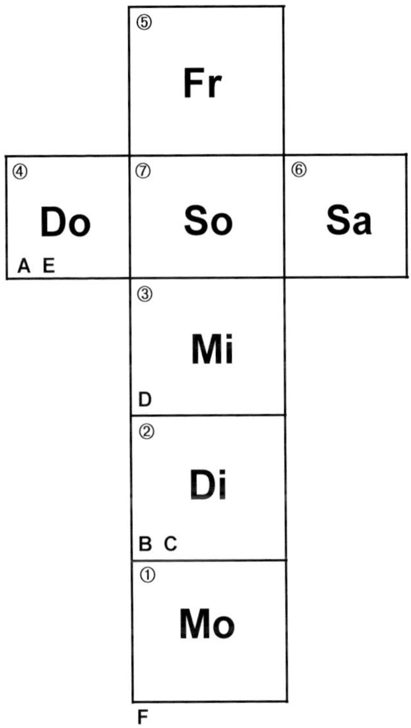

Bei *7-Tage-hat-die-Woche* geht es darum, möglichst schnell den Sonntag zu erreichen, und zwar durch Werfen der Zahlen 1–7 der Reihe nach aus den Vollen.

Jeder Spieler hat die Möglichkeit, einen Tag als Joker zu setzen. Dabei wird er den Tag auswählen, mit dessen Zahl er sich normalerweise am schwersten tut, denn die Joker-Zahl braucht nicht geworfen zu werden.

Folgende Regel ist bei diesem Spiel noch zu beachten:
Es darf so lange vom selben Spieler weitergeworfen werden, wie er die zu erreichenden Zahlen in der richtigen Reihenfolge auch erkegelt. Gelingt ihm dies an irgendeinem Tag nicht mehr, so steht ihm noch ein 2. Wurf auf die verpasste Zahl frei; erreicht er diese im 2. Wurf auch nicht, ist der nächste Spieler an der Reihe.

Die Abbildungen zeigen Möglichkeiten der Notierung. Entweder zeichnet man eine große Figur und schreibt die Namen der Spieler in die Tagefelder, so wie diese erreicht werden, oder man zeichnet jedem Spieler seine eigene Figur. In diesem Falle kann man den Joker-Tag mit einem Kreuz kennzeichnen, und die erreichten Tage werden einfach durchgestrichen.

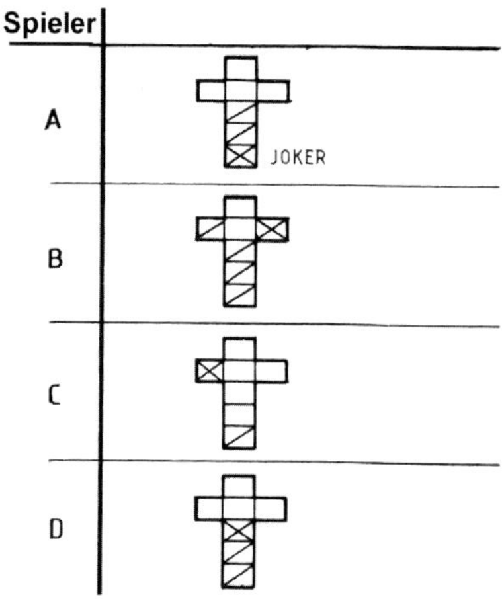

Das Spiel endet, wenn der 1. Spieler den Sonntag erreicht hat. Natürlich wird dieser Durchgang dann noch zu Ende gespielt, um Chancengleichheit zu wahren.

Wertung: Ist das Spiel zu Ende, werden für jeden nicht erreichten Tag 0,10 Cent als Strafe notiert.

17 + 4 V2–3 Volle E

Das Spiel 17 + 4 ist dem gleichnamigen Kartenspiel nachempfunden. Die Spielregeln sind deshalb für Kartenspieler schnell zu begreifen; aber auch für alle, die dieses Spiel nicht kennen, sind sie einfach zu erklären. Vor Spielbeginn zieht sich jeder Spieler aus einem Kartenpaket verdeckt eine Karte. Man merkt sich den Spielwert der Karte und legt sie – aber immer noch verdeckt – vor sich ab. Danach wird in die Vollen gespielt. Man muss versuchen, mit seinen Würfen (+ dem Kartenwert) möglichst dicht oder genau den Wert 21 zu erreichen. Dabei gilt:
Jeder muss mindestens 2, höchstens aber 3 Würfe tätigen.

Wertung: Alle Spieler mit „21" gewinnen; über „21" ist man „tot", verliert also; unter „21" kann noch in die Siegerwertung kommen für halbe/halbe, das heißt, bei 10 Spielern verlieren 5. Sind nun aber nur 3 Gewinner mit „21" dabei, so können 2 Mann mit zum Beispiel „20" und „19" noch mitgewinnen.

Besonderheit: Die Kegelergebnisse werden während des Spiels offen an die Tafel geschrieben. Nach Spielende ruft der Schreiber dann die Kartenwerte ab und schreibt sie erst jetzt dazu. Dadurch weiß bis zum Schluss niemand, wo er mit seinem Ergebnis liegt. Die letzten Werfer brauchten sonst kein Risiko mehr einzugehen.

Variante: Eine beliebte Abwandlung ist folgende: Jeder Spieler hat nur 2 Würfe. Reichen diese nicht aus, so kann er Würfe *nachkaufen*. Dabei zahlt er für jeden weiteren Wurf 10 Cent an die Kasse.

Sonnenaufgang 9/1 Fig E

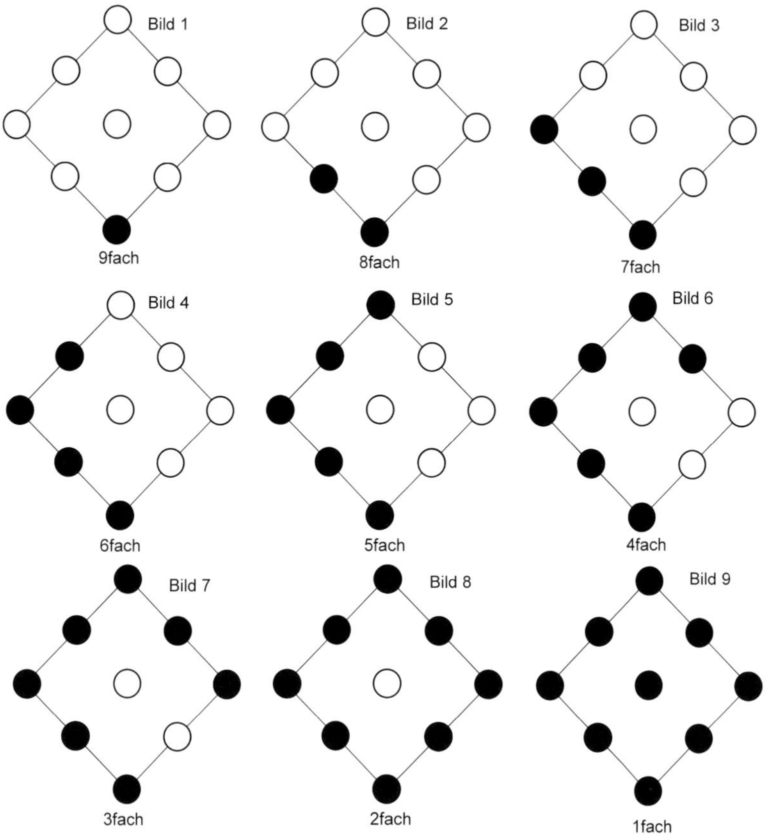

Beim Spiel *Sonnenaufgang* wird im Verlauf von 9 Durchgängen von einem Kegel in Bild 1 bis zu allen Neunen im letzten Durchgang

das Kegelbild aufgebaut (s. Abbildung). Jeder Durchgang hat dabei einen anderen Multiplikator, der von 9fach bei Bild 1 bis zu einfach bei Bild 9 abnimmt, also in umgekehrter Reihenfolge wie die Kegelaufstellung.
Pro Bild ist ein Wurf vorgesehen. Die getroffenen Kegel werden mit dem Multiplikator des betreffenden Bildes malgenommen. Alle Punkte werden zum Schluss addiert.

Erreichbare Höchstpunktzahl: 165 Punkte

Wertung: halbe/halbe

Sportkegeln 2/10 Volle Abr E

Das Spiel *Sportkegeln* ist dem Wettkampfsport nachempfunden. Die Spieler müssen in einem solchen Wettkampf in der Regel 100 Wurf hintereinander werfen, wobei 25 links in die Vollen geworfen werden, dann 25 rechts abräumen, 25 rechts in die Vollen und 25 links abräumen. Dies bedeutet ein immenses Programm für jeden Spieler. Da dies natürlich am Kegelabend zu lange aufhalten würde und ohnedies ein beträchtliches Maß an Kondition und Training voraussetzt, spielen wir in abgekürzter Form je 10 Wurf in die Vollen + 10 Wurf abräumen. Selbst bei dieser verkürzten Variante wird man merken, dass Kegeln ein Sport ist!

Wertung: halbe/halbe

Übrigens: Dieses Spiel ist auch sehr gut für eine Klubmeisterschaft am Jahresende geeignet.

Strichpartie X/1 Volle E

Spieler	1. D.	2. D.		
A	⑤ 4	7		/////
B	6	6		///
C	5	6		///// //
D	5	6		///// //
E	8	8		

Die *Strichpartie* wird oft in reinen Männerclubs gespielt, ist ein relativ ernstes Spiel und sorgt kaum für Erheiterung am Tisch.
Dennoch ist die *Strichpartie* für viele ein reizvolles Spiel, das aber auf den ersten Blick verwirrend wirkt. *Strichpartie* ist ein Spiel in die Vollen, wobei jeder Wurf mit dem vorhergehenden und dem nachfolgenden verrechnet wird. Die Differenz wird in Strichen angeschrieben, bei 30 *Strichen* scheidet der betreffende Spieler aus.

Wichtig: Bei gleichen Wurfergebnissen hintereinander (Serie) wird diese Serie behandelt, als ob sie aus einem Wurf bestände; und der letzte Wurf vor der Serie sowie der erste nach der Serie werden zur Bewertung herangezogen.

Zum Beispiel: 8–6–6–6 ergibt für jeden 6er 2 Striche,
3–6–6–6 ergibt für den 3er 3 x 3 Striche,
8–6–6–6–9 ergibt für jeden 6er 2 Striche von der 8 und 3 Striche von der 9.

Erläuterung zur Abbildung:
Spieler A wirft auf den Vorwurf (5) eine 4 nach und erhält dafür einen Strich; B wirft 6, A erhält 2 weitere Striche; C wirft eine 5, erhält einen Strich, ebenso D; dann wirft Spieler E eine 8; nun erhalten rückwirkend die beiden Spieler mit 5 je 3 Striche. Im 2. Durchgang wirft A eine 7 (weniger als 8 von E) und erhält einen Strich. Nun beginnt eine Serie der Spieler B, C und D, die mit der 8 von E beendet wird. Die Spieler mit 6 erhalten dafür je 1 Strich auf die 7 und je 2 Striche auf die 8.

Wertung: halbe/halbe, das heißt, wenn die erste Hälfte der Spieler ausgeschieden ist, ist das Spiel beendet.

Besonderheiten:
- Für den ersten Spieler ist ein Vorwurf durchzuführen.
- Die Reihenfolge der Spieler ist auszulosen.
- Scheidet ein Spieler aus, so gilt der vorletzte Wurf als Vorlage.
- Die Spieler können sich selbst keinen Strich verpassen, das heißt, wenn zum Schluss nur noch wenige im Spiel sind, kann folgende Konstellation zustande kommen:
  A: 6, 4 – ergibt für A 2 x 2 Striche von den 6ern, nicht 3 x 2,
  B: 6 – denn dann hätte er von seiner eigenen „6" 2 Striche bekommen.
  C: 6

Wie eingangs schon erwähnt, ist es am Anfang etwas schwierig, das „Verrechnen" in den Griff zu bekommen; aber hat man das Spiel erst 2- oder 3-mal gespielt, so wird einem das Anschreiben dann wie natürlich von der Hand gehen.

Superabräumen 5/2 Abr E

Beim *Superabräumen* wird in 5 Durchgängen mit je 2 Wurf abgeräumt. Gelingt es dabei, das Vorderholz bei beiden Würfen stehen zu lassen, so zählt das Wurfergebnis *10fach*. Fällt das Vorderholz jedoch im 1. oder 2. Wurf, so wird das Ergebnis nur einfach notiert. Deshalb ist es äußerst wichtig, hier taktisch vorzugehen. Lieber einen Wurf sicher am Vorderholz vorbei mit wenig Aussicht auf gefallenes Holz als mit Vorderholz ein „volles Haus“. Man bedenke den Multiplikator von 10!

Wertung: halbe/halbe

Sympathische 5 4/1 Volle E

Spieler	1.	2.	3.	4.	Su.
A	6	7	5/(7)	7/(1)	33
B	4	6	6/(–1)	3	18
C	5/(8)	7	5/(4)	6	35
D	7/(3)	8	8/(2)	7	35
E	4	4	6	5/(6)	25

Beispiel

C wirft eine 5 im 1. Durchg., wählt D als Werfer. D wirft 8 → C erhält 8, D die Differenz zu 5 = 3.

Im 3. Durchg. wählt A als Werfer D; C wählt B. Da B nur 4 wirft, erhält er –1.

Die „*Sympathische 5*“ ist ebenfalls ein Spiel, das etwas aus der üblichen Reihe tanzt. Denn bei diesem Spiel besteht die Möglichkeit, unter gewissen Umständen einen anderen Werfer nach eigener Wahl für das eigene Punktekonto werfen zu lassen.

4 Durchgänge werden gespielt mit je einem Wurf in die Vollen. Jeder Spieler, der eine „5" wirft, erhält dafür einen Bonus:

Ein anderer Spieler nach eigener Wahl darf für ihn noch einmal werfen.

Damit der ausgewählte Spieler sich nun auch bemüht, einen ordentlichen Wurf zustande zu bringen, gilt für ihn folgende Regelung:

- Erreicht er mehr als 5 Holz, darf er sich die Differenz zu 5 aufschreiben.
- Wirft er weniger als 5 Holz, muss er sich die Differenz von seinem eigenen Punktestand abziehen.

Derjenige Spieler, der die „5" geworfen hat, erhält auf jeden Fall – unabhängig vom Ergebnis – den Wurf seinem Konto gutgeschrieben. Die Schreibweise des Spiels ist aus der Abbildung ersichtlich. Die Bonuswürfe kreist man der Übersichtlichkeit wegen am besten an der Tafel ein.

Wertung: Durchgänge werden summiert, danach gilt halbe/halbe.

Variante: Das Grundspiel wird wie oben durchgeführt, der ausgewählte Bonuswerfer jedoch erhält generell für einen Wurf über 5 für sein eigenes Konto 3 Punkte, für einen Wurf mit 5 und weniger generell 3 Minuspunkte notiert.

Totenkiste/Sargkegeln X/1 Abr E

Das Sargkegeln ist ein sehr beliebtes Spiel in den Kegelclubs. Manche stimmen sogar selbstgetextete Trauerlieder an, wenn ein Mitspieler wieder mal „gestorben“ ist. Der Wert dieses Spieles liegt aber auch darin, dass man durch ständiges Figurenkegeln seine Leistung steigern kann. Deshalb sollte man als Anfänger unter „Profis“ ruhig mitspielen, man kann viel dabei lernen.

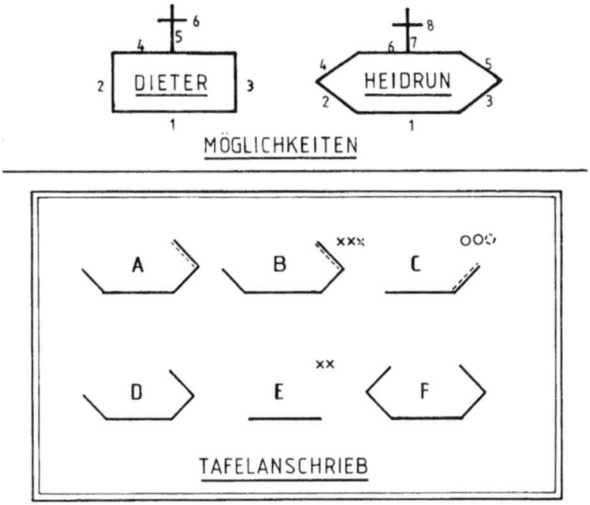

Die *Totenkiste*, auch oftmals als Sargkegeln bezeichnet, ist ein altes traditionsreiches Spiel und erfreut sich besonders weiter Verbreitung, Deshalb existiert auch eine Vielzahl von Variationen.
Die Beliebteste wird gespielt in die Vollen mit nachfolgendem Abräumen, wobei jeder Spieler mindestens *ein* Holz holen muss, sonst

erhält er einen Strich an seinem Sargbild. Wessen Sarg mit einem Kreuz darauf komplett dasteht, der ist „tot“ und scheidet aus.

Dabei gelten folgende Regeln:

- Wer anwirft (in die Vollen), muss mindestens Vorderholz + 3 Holz holen; sonst „kassiert“ auch er einen Strich, und der Nachfolger muss neu anwerfen.
- Räumt ein Spieler die Platte ab, erhält der Vorwerfer einen Strich.
- Jeder Anwerfer wird mit einem Kringel gekennzeichnet. Für 3 Kringel gibt es einen Strich.
- Jeder Abräumer verdient sich ein Kreuz. Für 3 Kreuze wird ein Strich wieder gelöscht.
- Fällt eine „9“, erhalten alle anderen Mitspieler einen Strich zusätzlich.

Wertung: Da dieses Spiel bis zum letzten Überlebenden durchgespielt wird, verlieren alle außer dem Sieger. Aber auch halbe/halbe ist möglich.

Besonderheiten:

- Wer mit dem letzten Strich vorm Tod steht, kann nicht durch eigenes Anwerfen oder durch Kringel getötet werden.
- Die Reihenfolge der Spieler ist auszulosen.

Beispiel: In der Abbildung räumt B endgültig die Platte ab. A erhält dafür einen Strich, B ein Kreuz, C einen Kringel für das Anwerfen. Da B nun 3 Kreuze hat, wird ihm ein Strich wieder gelöscht; C hat nun 3 Kringel, dafür wird ihm ein Strich zusätzlich aufgeladen.

Wie die Abbildung zeigt, gibt es mehrere Möglichkeiten, den Sarg zu zeichnen. Die beiden dargestellten sind die üblichen, einmal mit 6 Strichen und einmal mit 8 Strichen.

Verschärfter Stier X/1 Volle E

Spieler	Würfe	Striche
A	4	/////
B	6	
C	5	//
D	3	///// //
E	6	

Der *Verschärfte Stier* ist etwas schwieriger aufzuschreiben, dafür ist dieses Spiel aber auch interessanter.
Das Grundspiel sieht aus wie das des ➔ *Einfachen Stiers*, nur werden beim *Verschärften* Stier die Ergebnisse eines Durchganges *jeder gegen alle* verrechnet.

Wichtig: Gespielt wird bei diesem Spiel bis zu einem Minuskonto von 23 Strichen. In der obigen Abbildung ist die Schreibweise dargestellt.

Spieler A wirft zum Beispiel eine 4, B eine 6, C eine 5, D eine 3 und E eine 6. Spieler A erhält dann 2 Striche von B (da er 2 Holz im Wurf schwächer war), analog dazu noch einen Strich von C und

2 Striche von E, also insgesamt 5 Striche. Die Spieler B und E bleiben ohne Striche mit ihren Sechsen.

Spieler D erhält einen Strich von A, 3 von B, 2 von C und 3 von E, insgesamt 9 Striche.

Den 2. Durchgang wirft nun der Spieler B an usw. Wer 23 erreicht, scheidet aus und erhält einen Stierkopf hinter seinen Namen gemalt.

Wertung: Wie Spiel → Einfacher Stier

Besonderheit: Die Reihenfolge der Spieler ist auszulosen.

Vierlingspartie 4/2 Fig E

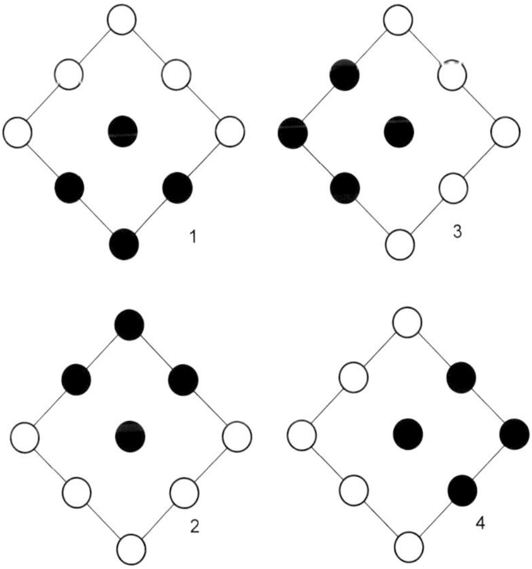

Die *Vierlingspartie* ist eine Art kleines Bilderspiel. Es handelt sich – wie die Abbildung auf Seite 115 zeigt – um ein Vierer-Eckchen, das rund um die Kegelplatte wandert. Auf jedes Bild werden 2 Würfe gespielt, immer auf die volle Figur.
Interessant ist die Zählweise: Die 3 Kegel durch die Mitte zählen je 1 Punkt, die Damenreihe je 2 Punkte, die Bauern je 4 Punkte. So erzielt man also bei komplettem Abräumen von Bild 1 und 2 sechs Punkte, von Bild 3 und 4 – die auch einen größeren Schwierigkeitsgrad haben – neun Punkte.

Wertung: halbe/halbe

Vorderholz-Partie X/1 Volle E

Bei der *Vorderholz-Partie* handelt es sich um ein interessantes Spiel in die Vollen, bei dem man seinem Vorwerfer sozusagen ein „Bein stellen" kann. Jeder Spieler beginnt mit einer Schuld von 30 Holz auf seinem Konto. Mit Würfen in die Vollen muss er versuchen, möglichst schnell auf „0" herunterzukommen.

Dieses Vorhaben wird allerdings durch eine Schikane erschwert:

- Für einen Treffer mit Vorderholz erhält der Vorwerfer einen Strich angeschrieben. Hat er im Laufe des Spiels 3 Striche gesammelt, werden ihm wieder „7" Holz addiert.
- Demjenigen Spieler, der für die 3 Striche seines Vordermannes gesorgt hat, werden als Anerkennung seiner Leistung 3 Holz abgezogen. Er kommt damit seinem Ziel „0" ein Stück näher.

Spieler		Würfe	Ergebnisse	
A	30	4 8° 9°	26 ~~18~~ 25	/////
B	30	7° 6° 8°	23 17 6	/
C	30	6 5 7°	24 19 12	//
D	30	8° 7° 5	22 15 10	//
E	30	6° 6 5	24 18 13	//

Würfe mit Vorderholz werden an der Tafel zudem mit einem Kreis gekennzeichnet, um Missverständnissen vorzubeugen. Es beginnt im 1. Durchgang ausnahmsweise der 2. Spieler, also Spieler B. In der obigen Abbildung gelingt es B auch als Erstem, seinem Vordermann 3 Striche beizubringen. A steigt damit wieder auf 25 Holz, Spieler B erhält neben der geworfenen 8 zusätzlich noch 3 abgezogen, sodass er von 17 Holz einen Sprung auf 6 Holz macht.

Wertung: Gespielt wird, bis der Erste „0" erreicht hat. Der Durchgang wird noch zu Ende gespielt (Spieler A ist diesmal der Letzte im Durchgang!), danach zahlen alle in die Kasse den doppelten Betrag der noch angeschriebenen Holzzahl, auf volle Zehner aufgerundet.

Besonderheit: Die Reihenfolge der Spieler ist unbedingt auszulosen.

Vorderkranz-Hinterkranz 2/2 Fig E

Vorderkranz-Hinterkranz ist ein Figurenkegeln auf die genannten zwei Bilder. Der 1. Durchgang wird mit 2 Wurf auf den Vorderkranz gespielt, der 2. Durchgang auf den Hinterkranz. Dabei zählt jedes Holz beim V-Kranz 5 Punkte, alle 5 zusammen = 30 Punkte; jedes Holz beim H-Kranz zählt 6 Punkte, alle 5 = 30 Punkte.

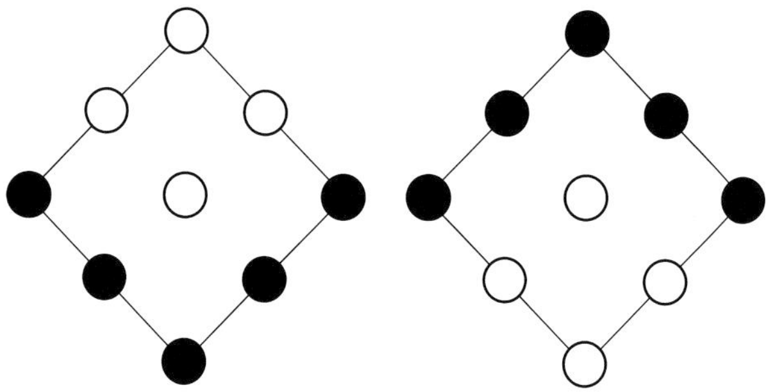

Am Automaten werden die entsprechenden Bilder eingestellt. Hinweis: Der jeweilige 2. Wurf wird wieder auf den **vollen Kranz** geworfen und nicht auf die Reste des 1. Wurfes.

Max. Punktzahl: 2 x 30 + 2 x 35 = 130 Punkte

Wertung: halbe/halbe

Vorderkranz-Spiel 1/5 Fig E

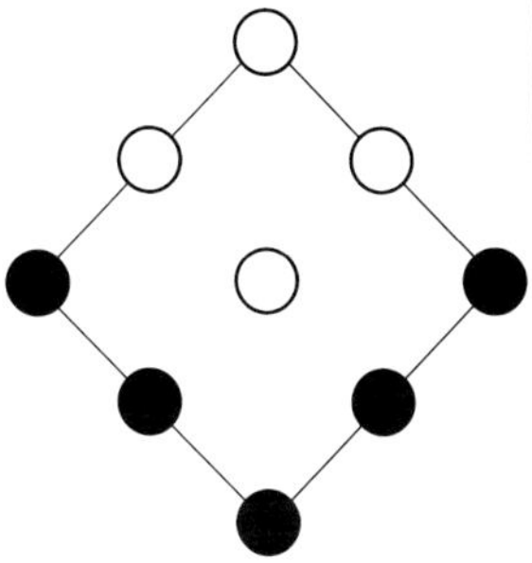

Automatenstellung

Schreibweise an der Tafel:

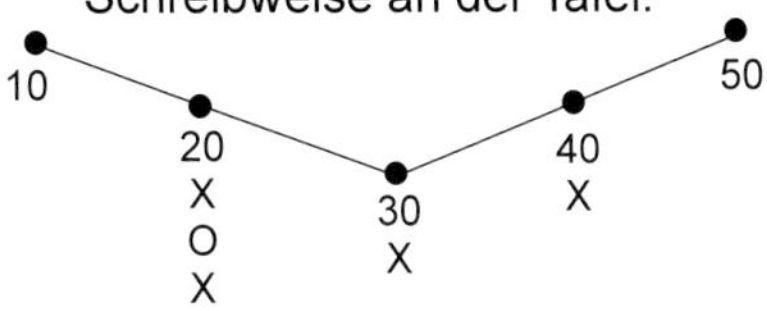

Beispiel:

1. Wurf 3 Holz – Kreuz 30
2. Wurf 2 Holz – Kreuz 20
3. Wurf 4 Holz – Kreuz 40
4. Wurf 2 Holz – Kringel 20
5. Wurf 2 Holz – Kreuz 20

Wie das zuvor beschriebene Spiel zu den einfachsten Abräumspielen gehört, so gehört das *Vorderkranz-Spiel* zu den spannendsten. Zunächst wird – wie die Abbildung zeigt – der vordere Kegelkranz mit den Werten 10–20–30–40–50 angezeichnet. Sind diese Vorbereitungen getroffen, so kann es losgehen.

Gespielt wird mit 5 Würfen hintereinander auf dieses Bild, das man zuvor vom Automaten in der Form hat aufstellen lassen. Es gilt, möglichst 5 verschiedene Ergebnisse aus dem Bild herauszukegeln, also die 1, die 2, die 3, die 4 und die 5, natürlich in beliebiger Reihenfolge. Dabei wird jede erreichte Zahl mit einem Kranz gekennzeichnet. Fällt allerdings eine schon gespielte Holzzahl nochmals, so wird sie wieder angeschrieben; dies macht man am besten mit einem Kringel.

Wertung: Bei diesem Spiel bedeuten die angeschriebenen Zahlen 10–20–30–40–50 gleichzeitig den höchsten Verlust = 1,50 Euro. Von dieser Gefahr muss man sich herunterkegeln. So wird jede getroffene Zahl (die angekreuzten) von 1,50 Euro abgezogen, um so den endgültig zu zahlenden Spielbetrag zu ermitteln.
Die Spannung in diesem Spiel liegt vor allem darin, dass man das Pech haben kann, eine Zahl, die man gerade erst mühsam weggekegelt hat, wieder angeschrieben zu bekommen.

Zahlenkegeln 9/1 Volle E

SPIELER	9	8	7	6	5	4	3	2	1	GES.
A	X	X	7	6	X	X	3	X	1	17
B	X	8	7	X	5	4	3	X	1	28
C	9	X	X	6	X	X	X	2	1	18

Das *Zahlenkegeln* ist ein sehr schönes Spiel, wenn es darum geht, möglichst genau vorgegebene Zahlen zu erkegeln. Obwohl es als Spiel für Könner gilt, eignet es sich genauso gut für Anfänger im Kegeln, weil ein Quäntchen Glück hierbei das Ergebnis mitbeeinflusst.
In 9 Durchgängen sind die Zahlen von 9 bis 1, wie im Bild dargestellt, zu treffen. Gespielt wird je 1 Wurf in die Vollen pro Durchgang. Das Anschreiben sieht folgendermaßen aus:

- Wird die Vorgabe des jeweiligen Durchganges erreicht, so wird die Zahl eingeschrieben;
- wird sie verfehlt, so erscheint auf der Tafel ein Kreuz.

Am Ende des letzten Durchganges werden dann alle getroffenen Zahlen addiert, und man hat das Gesamtergebnis.

Wertung: halbe/halbe

Variante: Spiel wie oben, jedoch mit 2 Wurf Abräumen pro Durchgang.

Zahlen-Nappo „Die letzte 5“ X/1 Volle E

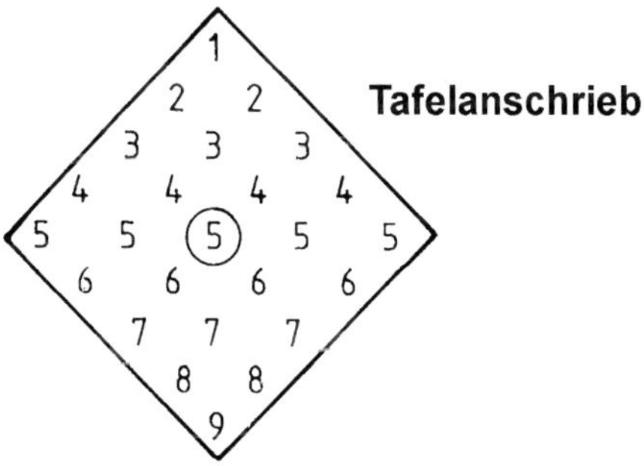

Beim *Zahlen-Nappo* gilt es, die in Doppel-Pyramidenform angeschriebenen Zahlen zu erkegeln, ohne die „Letzte 5“ zu erwischen.
Dazu wird das Zahlenschema wie oben an die Tafel angeschrieben. Danach kegelt man wie gewohnt in die Vollen. Jeder hat dabei abwechselnd einen Wurf. Es gelten folgende Regeln:

- Wird eine angeschriebene Zahl getroffen, so wird diese an der Tafel gelöscht.
- Wird eine schon gelöschte Zahl geworfen, so handelt sich der Spieler zur Strafe einen Strich ein und muss weiterwerfen, bis er „Holz holt“, maximal aber 3 Würfe. Dann ist der Nächste dran.

- Wird ein Pudel geworfen, so gibt das ebenfalls einen Strich und zusätzlich natürlich den Pudel. Auch hierbei muss weitergeworfen werden, bis „Holz geholt“ wird, maximal 5 Würfe.
- Fällt die „Letzte 5“ (im Kreis), so ist das Spiel – unabhängig von den übrigen noch nicht gelöschten Zahlen – beendet. Der Spieler mit der letzten 5 zahlt dafür als Strafe 1 Euro.

Wertung: Jeder Spieler kommt für die Summe seiner Striche auf (1 Strich = 10 Cent).
Es ist also im Sinn der Clubkasse, das Spiel möglichst lange offen zu halten; je länger, desto besser „klingelt“ es in der Kasse.

Zahlenwechsel 3/3 Volle E

Spieler	1	2	3	4	5	6	7	8	9	10		Strafen
A	5	6	2	3	5	2	7	7	4	1		Sieger
B	6	6	3	4	6	–	–	–	–	–		50
C	5	1	2	4	5	6	5	–	–	–		30
D	3	3	2	4	3	–	–	–	–	–		50
E	1	1	3	3	2	5	5	3	–	–		20

Das Spiel *Zahlenwechsel* erfordert größeres Geschick beim Kegeln, weil es darauf ankommt, möglichst keine Zahl doppelt zu werfen. Gespielt wird in das volle Kegelbild mit 3 Durchgängen à 3 Würfen und einem letzten Durchgang mit 1 Wurf. Der Spieler muss versuchen, verschiedene Wurfergebnisse aus den Vollen zu erzielen, wobei insgesamt 10 Wurf durchgestanden werden müssen. Fällt eine Zahl zum 2. Male, so werden diese beiden Zahlen eingekreist, das heißt, diese Zahl darf auf keinen Fall mehr fallen. Beim 3. Mal scheidet der Spieler nämlich aus. Bei zwei gleichen Zahlen auf dem Konto eines Spielers sagt man, der Spieler ist (zum Beispiel) auf „2 angeschossen". Auf wie vielen verschiedenen Zahlen ein Teilnehmer dabei im Verlauf des Spiels „angeschossen" ist, spielt keine Rolle. Hauptsache, eine „angeschossene Zahl" fällt nicht zum 3. Mal.

Wertung: Alle Spieler, die durchkommen, gewinnen; die „Toten" zahlen für jeden nicht mehr mitgespielten Wurf 10 Cent. Als gute Leistung gilt bei diesem Spiel schon das Erreichen des 3. Durchgangs, also die Würfe 7–9. Wer ganz durchkommt, kann mit Recht auf ein stolzes Kegelergebnis blicken.

Zweihundert X/1 Volle E

Jedem Kegler werden 200 (Punkte) aufgeschrieben. Anschließend werfen die Kegler reihum in die Vollen. Fällt das Vorderholz, wird die Anzahl der gefallenen Holz quadriert und von 200 oder den verbliebenen Punkten abgezogen (z. B. 6 Holz: 6 x 6 = 36 Punkte abziehen). Fällt das Vorderholz nicht, wird die einfache Holzzahl abgezogen. Erreicht ein Kegler 0, so zahlen alle anderen die Hälfte des Restbetrags in Cent (z. B. 80 Punkte = 40 Cent).
Hier sollte man, wie gewohnt, den nachfolgenden Keglern eines Durchgangs einen Nachwurf gestatten.

Mannschafts- und Partnerspiele von A bis Z

Abräumer 3/2 Abr M

Beim *Abräumer* gilt es natürlich, möglichst oft abzuräumen. Jeder Spieler hat dabei 2 Würfe. Gewertet wird hierbei aber die Zahl der Würfe, die jede Mannschaft brauchte, um eine Platte abzuräumen. Gerechnet wird dabei wie folgt:

Abgeräumt mit 1 Wurf	= 10 P.	mit 4 = 6 P.
mit 2 Würfen	= 8 P.	mit 5 = 4 P.
mit 3 Würfen	= 7 P.	mit 6 = 3 P.

Gespielt werden 3 Durchgänge. Die Punkte der Durchgänge werden zusammengezählt.

Beispiel: Eine Mannschaft besteht aus 6 Personen mit je 2 Würfen = 12 Würfen. Da ständig weiter abgeräumt wird, von einem Spieler zum anderen, kommt folgendes Ergebnis zustande: Die Mannschaft räumt mit dem 4. Wurf, mit dem 7., mit dem 10. und mit dem 11. Wurf ab. Das ergibt 6 + 7 + 7 + 10 = 30 Punkte für diesen Durchgang.

Wertung: Die Mannschaft mit dem niedrigeren Gesamtergebnis verliert.

Barthel X/1 Abr + M

Ein altes, traditionsreiches und weit verbreitetes Spiel heißt *Barthel*. Es dürfte zu einem der meistgespielten Spiele überhaupt gehören. Barthel ist ein Abräumspiel, bei dem jeder Durchgang mit dem vorhergehenden und nachfolgenden verrechnet wird.

Mannschaft 1	Gutschriften		Mannschaft 2
21	4, 16		17
33	13	4	20
16		13, 3	29
26	8		18
Ergebnis:	41	29	

Die Differenz zur Gegenmannschaft wird jeweils dem besseren gutgeschrieben. *Dabei gilt:*

Naturneuner = 18
Naturkranz = 15
Kranz = 12

Alle anderen Ergebnisse zählen einfach. Gespielt wird Barthel meist so lange, bis eine Mannschaft 4 Gutschriften auf ihrem Konto hat.

Beispiel wie in der obigen Abbildung:
Mannschaft 1 wirft zusammen 21 Holz, Mannschaft 2 dagegen nur 17. Die Differenz von 4 Punkten wird der ersten Mannschaft

gutgeschrieben. Diese wirft nun gegen das Ergebnis von 17 an, erzielt 33 und erhält damit nochmals 33–17 = 16 Holz gutgeschrieben. Da Mannschaft 2 mit 20 Holz auch darunter bleibt, werden weitere 13 Holz für Mannschaft 1 notiert. Doch nun bleibt diese mit 16 unter dem Ergebnis, und Mannschaft 2 erhält die Gutschrift von 4 Punkten.

Wertung: Die Mannschaft mit dem höchsten Ergebnis nach Spielende gewinnt. Und dies muss nicht immer die Mannschaft sein, die zuerst 4 Gutschriften erzielt und damit das Spiel beendet.
Dem Verlierer wird die Differenz zum Sieger mal 2 Cent für jeden Mitspieler berechnet.
In unserem Beispiel hätte also jeder der Mannschaft 2 21 x 2 Cent = 42 Cent, aufgerundet 50 Cent, zu zahlen.

Besonderheit: Kommt es vor, dass im Spiel beide Mannschaften einmal dasselbe Ergebnis werfen, so wird dieser Durchgang wiederholt, wobei die Mannschaft beginnt, die zuletzt geworfen hat. Man spricht dann von einem Doppel. Deshalb wird die nun erzielte Differenz auch dem besseren Team doppelt gutgeschrieben.

Bayrisches 6-Tage-Rennen 5/1 Abr + P

Das *Bayrische Sechs-Tage-Rennen* wird gespielt wie das gleichnamige Einzelspiel. Der erste Partner wirft dabei in die Vollen, und der zweite räumt ab. Beim nächsten Tag geht es umgekehrt.
Ansonsten gelten dieselben Regeln wie beim Einzelspiel.
Wertung: halbe/halbe

Boss-Spiel 1/2 – Abr + M

Mannschaft 1		Mannschaft 2	
BOSS	////	////	BOSS
B	//	//	C
D	//	//	E
F	//	//	G
H	//	//	J

Das *Boss-Spiel* ist ein Abräumspiel mit 2 Mannschaften, wobei die gewählten Mannschaftsführer ihre Mitspieler selbst abwechselnd wählen und während des Spiels diese nach eigenem Gutdünken einsetzen dürfen.

Die Bosse selbst kürt man am besten durch ein vorangehendes Einzelspiel (die beiden Sieger), oder man lost sie aus. Jeder Spieler erhält 2 Striche = 2 Würfe angeschrieben, die Bosse selbst jedoch 4 Striche. Sie müssen deshalb auch das Spiel ihrer Mannschaft durch den ersten Wurf in die Vollen beginnen. Danach wird abgeräumt. Der Boss bestimmt dabei, welchen Spieler er werfen lässt. Für jeden Wurf wird den betreffenden Spielern ein Strich an der Tafel gelöscht, ebenso natürlich auch dem Boss. Sind alle Striche aufgebraucht, kommt Mannschaft 2 ans Spielen.

Wertung: Sieger ist die Mannschaft mit dem höchsten Ergebnis.

Übrigens: Dieses Spiel eignet sich besonders auch im Anschluss an die ➔ *Kaiserpartie* oder ➔ *Königspartie*, wobei Kaiser und Kaiserin oder König und Königin die Bosse werden und ihre Mitstreiter wählen.

Um erfolgreich zu sein, ist es notwendig, dass der Boss auch die Qualitäten seiner Spieler kennt, um die richtigen Leute auf das richtige Bild einsetzen zu können. Von dieser taktischen Fähigkeit hängt viel ab, ob das Spiel als gewonnen oder verloren gebucht werden muss.

Erbschaft 5/1 Volle M

	Mannschaft 1					Stand		Mannschaft 2				
Durchgang	A	C	E	G	Su.			Su.	B	D	F	H
1	36	14	12	7	69	123	0	54	12	14	16	12
2	14	16	5	14	49	93	107	58	12	36	5	5
3	12	48	6	6	72	234	77	69	14	12	7	36
4	14	5	12	14	45	204	169	47	12	14	7	14
5	14	16	7	12	49	294	139	41	16	4	5	16

Erbschaft ist ein Spiel in die Vollen mit je einem Wurf pro Spieler. Die Mannschaft, die den jeweils besten Durchgang erreicht, „erbt“ dabei die Punkte des Gegners. Gespielt wird über 5 Durchgänge. Der Schwächere eines Durchgangs kann also nicht notieren, im Gegenteil, ihm werden pauschal noch 30 Punkte abgezogen. Diese Regel wird aber nur angewendet, solange noch positives Kapital vorhanden ist. Es wird also nicht mit negativen Zahlen gearbeitet.

Folgende besondere Wertungen gelten bei diesem Spiel:

Wurf mit Vorderholz	= zählt doppelt
Naturneuner	= 36
Naturkranz	= 48
Stina	= 12

Wertung: Die Mannschaft mit dem höheren Ergebnis gewinnt. Schließt die Verlierermannschaft mit „0“ ab, so verliert sie doppelt.

Besonderheit: Es beginnt immer die unterlegene Mannschaft den nächsten Durchgang. Im Bild ist ein komplettes Musterspiel dargestellt.

50er-Spiel 3/2 Abr + M

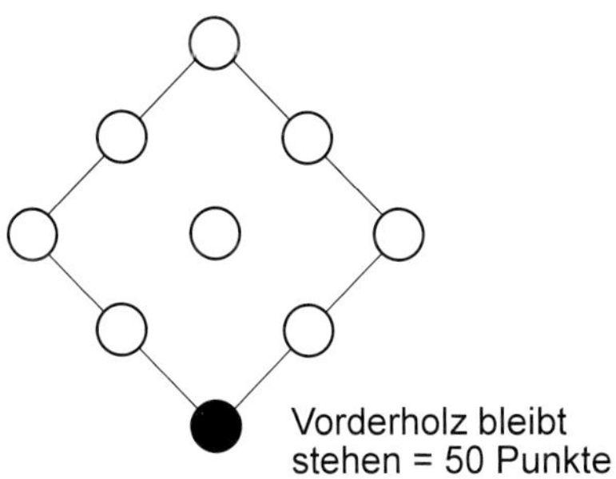

Das 50*er-Spiel* bezieht seinen Reiz aus der Tatsache, dass zu dem normalen Abräumen eine besondere Forderung hinzukommt: Das Vorderholz sollte stehen bleiben. Dann zählt jede geräumte Platte gleich 50 *Holz*.

Man wählt auch hier die beiden Mannschaften aus, entweder in dem sich ein Mitspieler umdreht und dem Schreiber an der Tafel, der auf eine Mannschaft tippt, Namen zuruft, oder durch Auslosen mittels eines Kartenspiels. Wie beim vorhergehenden Spiel hat auch hier jeder Spieler 2 Würfe; und insgesamt werden 3 Durchgänge gespielt. Fällt allerdings das Vorderholz irgendwann mit, zählt nur gefallenes Holz. Es wird fortlaufend abgeräumt, bis entweder das 50er-Bild steht, ersatzweise die Platte mit Vorderholz abgeräumt ist oder ein Kranz gekegelt wurde. Sodann wird eine neue Platte aufgestellt.

Wertung: Die Mannschaft mit dem besten Ergebnis aller 3 Durchgänge gewinnt.
Wichtig ist, dass beim Anwurf König und Hinterholz mitfallen.

Gassenwechseln 3/2 Volle M

Gassenwechseln ist ein Spiel in die Vollen mit 3 Durchgängen, wobei jeder Werfer 2 Würfe hat. Diese beiden Würfe müssen immer in 2 verschiedene Gassen geworfen werden, und zwar der 1. Wurf in die linke Gasse, der 2. Wurf in die rechte. Gefallenes Holz zählt je 1 Punkt. Würfe in die falsche Gasse erbringen nichts.

Wertung: Die Mannschaft mit dem niedrigsten Ergebnis verliert das Spiel.

Häusle Bauen X/1 Abr M

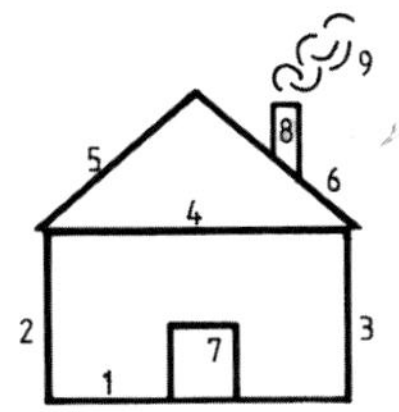

»Häusle«

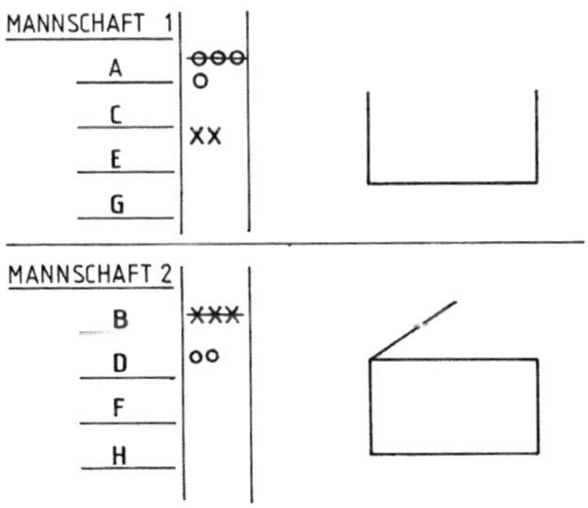

Tafelanschrieb

Häusle Bauen als Mannschaftsspiel ist nahe verwandt mit dem schon beschriebenen Einzelspiel ➔ *Totenkiste* oder *Sargkegeln*. In beiden Spielen kommt es darauf an, durch fortlaufendes Abräumen zu verhindern, dass eine bestimmte Figur (Sarg oder Häusle) an die Tafel gezeichnet wird.

Beim *Häusle Bauen* räumen beide Mannschaften auf die *gleiche* Platte abwechselnd ab. Dabei besteht die Forderung, dass zumindest ein Holz erkegelt wird. Gelingt dies nicht, erhält die Mannschaft des

betreffenden Spielers einen Strich an ihrem Häuschen gemäß der umseitigen Grundfigur.
Dabei gilt: Für jeden Neuanwurf auf das volle Kegelbild erhält die Mannschaft einen Kringel, für jedes endgültige Abräumen ein Kreuz. 3 Kringel ergeben dann einen *zusätzlichen Strich* am Häusle, für 3 erkämpfte Kreuze wird ein bestehender Strich wieder *gelöscht*.
Die Reihenfolge des Anzeichnens ist aus der Abbildung ersichtlich. Tür und Schornstein bestehen aus einem Strich. Als letzter Strich wird der Rauch angezeichnet. Er kann *nicht* als Folge von Anwerfen „verliehen" werden.

Wertung: Die Mannschaft, deren Haus zuerst fertig „gebaut" ist, verliert das Spiel.

Übrigens: Im Gegensatz zum *Sargkegeln* erhält der Gegner beim Abräumen keinen Strich. Es wird lediglich ein Kreuz für den Abräumer notiert.
Natürlich werden auch bei diesem Spiel die Mannschaften vorher ausgelost. Entschieden wird dieser Wettkampf oftmals von der Frage, ob eine Mannschaft gute Bauernwerfer in ihren Reihen hat. Kranz gilt nicht gleich Abräumen. Deshalb ist der Automat auf Abräumen ohne Kranzwertung einzustellen.

Hindernisrennen X/ Abr P

Das Spiel *Hindernisrennen* hat einen besonderen Reiz. Man bildet zunächst Teams mit 2 Spielern, die man am besten wieder auslost, bevorzugt Paare aus Männern und Frauen. Das *Hindernisrennen* wird bis zum Limit von 150 Punkten gespielt. Der erste Spieler wirft dabei in die Vollen, der zweite räumt den Rest ab oder so viel, wie er braucht, um nicht in Gefahr zu kommen. Die zu bewältigenden Hindernisse kann sich jeder Kegelclub selbst aussuchen. Folgender Vorschlag soll nur als Beispiel für solch ein Spiel dienen:

- 6 Holz – ein guter Start, Vorrücken auf 10
- 15 Holz – beim nächsten Wurf muss der linke Bauer mitfallen
- 25 Holz – die nächsten 2 Würfe zählen doppelt
- 35 Holz – 5 Punkte zurück
- 40 Holz – der nächste Wurf muss eine gerade Holzzahl ergeben
- 50 Holz – ein Drittel des Weges ist geschafft, zur Belohnung 10 Holz vorrücken
- 65 Holz – alle mitstreitenden Paare geben 3 Punkte an das Paar mit 65 ab
- 77 Holz eine Runde aussetzen
- 88 Holz – zurück zur Punktzahl 80
- 99 Holz – fällt beim nächsten Wurf das Hinterholz mit, zählt das Ergebnis doppelt
- 110 Holz – der nächste Wurf zählt 3fach, wenn das Vorderholz mitgetroffen wird. Der Abräumwurf entfällt allerdings
- 120 Holz – die gegnerischen Teams erhalten je 7 Punkte
- 133 Holz – das nachfolgende Team muss aussetzen
- 145 Holz – nochmals 7 Holz zurück.

Diese Zahlen gelten als eingestellt, wenn man mit dem Anwurf und dem Räumwurf zusammen die betreffende Zahl erreicht. Der Anwurf allein zählt also nicht als Ergebnis.

Wertung: Hat das erste Team das Ziel erreicht, ist das Spiel beendet. Alle anderen zahlen die Differenz zwischen ihrem Punktestand und 150 in die Kasse, natürlich jeder einzelne Spieler für sich.

121er-Partie X/1 Abr + P

Die *121er-Partie* ist ein Partner-Abräumspiel, bei dem es gilt, möglichst schnell genau die 121 zu erreichen. Nach Auslosung der Teams zu je 2 Spielern geht das erste Paar auf die Bahn. Spieler 1 wirft in die Vollen, Spieler 2 versucht, den Rest abzuräumen. Beim 2. Durchgang wird dann umgekehrt angeworfen.
Die erzielten Kegel werden dabei wie folgt in Punkte umgerechnet:

1–5	Holz	= Holz gleich Holz
6	Holz	= 10 Punkte
7	Holz	= 15 Punkte
8	Holz	= 20 Punkte
9	Holz	= 25 Punkte
	Kranz	= 35 Punkte

Wertung: Hat das erste Team 121 genau eingestellt, zahlen alle anderen Teams die Differenz zwischen ihren Punkten und der Zahl 121 in Cent in die Kasse.

Wichtig: 121 muss genau erzielt werden. Das Team bleibt also so lange vor 121 stehen, bis es exakt ausmachen kann.

Malnehmen X/1 Volle M

Malnehmen wird als Mannschaftsspiel ausschließlich in die Vollen gespielt. Dabei werfen je 3 Kegler einer Mannschaft hintereinander. Ihr Gesamtergebnis setzt der Mannschaftsführer, der vorher zu bestimmen ist, nach Belieben in die Tafel hinter den von ihm gewünschten Multiplikator. Danach ist die andere Mannschaft dran. Die Mitgliederstärke einer Mannschaft spielt keine Rolle, da jeweils immer die nächsten 3 an der Reihe sind. Es geht „rund", bis alle 6 Felder mit Ergebnissen besetzt sind.

Wertung: Die Mannschaft mit dem tiefsten Ergebnis verliert diese Partie.

Mannschafts-Abräumen 3/1 Abr + M

SPIELER	MANNSCH.	MANNSCH.	SPIELER
E	1	2	G
A	12	8	C
B	21	16	D
F	8	19	H
	41	43	

Eines der bekanntesten Mannschaftsspiele ist das *Mannschaftsabräumen*. Es handelt sich um ein relativ einfaches und doch sehr spannendes Spiel. Gespielt wird auf das volle Kegelbild mit anschließendem Abräumen.

Zunächst werden zwei nach Personenzahl gleichstarke Mannschaften ausgelost. Die Tafel wird so vorbereitet, wie es die obige Abbildung zeigt. Jeder Spieler einer Mannschaft hat zwei Würfe. Der erste Spieler einer Mannschaft beginnt in die Vollen, alle weiteren Würfe dienen dem Abräumen der übrig gebliebenen Kegel. Erreicht man einen Naturkranz oder einen einfachen Kranz, so kann die Mannschaft wieder mit den Vollen beginnen, solange der Durchgang noch nicht beendet ist. Dies gilt ebenso dann, wenn die Platte vollends abgeräumt wurde. Nach 3 Durchgängen ist das Spiel zu Ende.

Wertung: halbe/halbe

Übrigens: *Mannschaftsabräumen* ist oft so packend, dass es mehrere Revanchespiele nach sich ziehen kann. Interessant ist hier auch einmal ein Kampf Männer gegen Frauen.

Niedrige Hausnummer 3/1–2 Volle P

Niedrige Hausnummer als Partnerspiel geht auf das gleichnamige Einzelspiel zurück.
Wieder bildet man mehrere Teams zu je 2 Spieler. Gespielt werden 3 Durchgänge, wie die Zeichnung auf Seite 137 zeigt.

Die beiden Partner haben zusammen 3 Wurf in die Vollen, das heißt, einer muss 2-mal werfen. Wer dies ist, kann das Team selbst bestimmen. Allerdings muss dafür im 2. Durchgang der andere Partner 2 Würfe absolvieren. Der dritte Durchgang läuft dann wieder wie der erste.

Durchgang	A / B	C / D	E / F	G / H
1.	143	111	234	334
2.	123	143	196	145
3.	145	119	123	234
	411	**373**	553	**713**

Wertung: Es verlieren die Teams, die nach der halbe/halbe-Regel in der schlechteren Hälfte liegen, also hohe Gesamtergebnisse haben.

Partnerspiel 5/1 Abr + P

Das *Partnerspiel* ist zugleich ein Mannschaftsspiel und, wie der Name sagt, ein Partnerspiel. Die ausgelosten Teams gehören zwei verschiedenen Mannschaften an. Sie spielen 5 Durchgänge mit je einem Wurf pro Spieler. Der erste wirft an, der zweite räumt ab, so gut es geht. Fällt beim ersten Wurf eine 9, darf der zweite Spieler nochmals anwerfen. Die Ergebnisse werden summiert und sowohl für das Team als auch für die Mannschaft ausgewertet.

Wertung: jeweils halbe/halbe

<table>
<tr><th></th><th>Durchgang</th><th>1</th><th>2</th><th>3</th><th>4</th><th>5</th><th></th><th></th></tr>
<tr><td rowspan="4">M 1</td><td>A</td><td>9</td><td>7</td><td>6</td><td>3</td><td>6</td><td rowspan="2">49</td><td rowspan="4">90</td></tr>
<tr><td>B</td><td>7</td><td>2</td><td>2</td><td>4</td><td>3</td></tr>
<tr><td>C</td><td>7</td><td>7</td><td>7</td><td>8</td><td>4</td><td rowspan="2">41</td></tr>
<tr><td>D</td><td>2</td><td>2</td><td>–</td><td>1</td><td>3</td></tr>
<tr><td rowspan="4">M 2</td><td>E</td><td>5</td><td>9</td><td>7</td><td>9</td><td>6</td><td rowspan="2">52</td><td rowspan="4">103</td></tr>
<tr><td>F</td><td>3</td><td>5</td><td>2</td><td>3</td><td>3</td></tr>
<tr><td>G</td><td>6</td><td>7</td><td>9</td><td>6</td><td>5</td><td rowspan="2">51</td></tr>
<tr><td>H</td><td>2</td><td>2</td><td>7</td><td>3</td><td>4</td></tr>
</table>

Wenn man Pech hat, kann man zweimal verlieren.

Übrigens: Dieses Spiel eignet sich hervorragend, von Zeit zu Zeit die eigene Leistung zu testen. Man sollte dann aber konstant mit ein- und demselben Partner werfen. In gemischten Clubs sollte man in diesem Fall nicht losen, sondern die Ehepaare als Teams benennen.

Dass dieses Spiel sich besonders eignet, um Spielrekorde festzuhalten, braucht nicht extra betont zu werden.

6-Tage-Rennen 6/1 Abr + P

6-Tage-Rennen als Partnerspiel ist fast noch spannender als das Einzelspiel. Als Erstes lost man die Partner zusammen. Jeder hat 2 Wurf, das Team also 4 Würfe. Das Team geht geschlossen auf die Bahn.

Der erste wirft in die Vollen an, dann wird der Rest geräumt. Wer jeweils wirft, ist freigestellt, jedoch muss die Regel erfüllt werden, dass jeder 2 Würfe macht. Ist die Platte abgeräumt, können selbstverständlich die restlichen Würfe auf eine neue Platte weitergeworfen werden. Das Resultat kann nun wahlweise auf einen Tag gesetzt und mit dem vorgesehenen Multiplikator malgenommen werden.

Wertung: halbe/halbe

Variante: Jeder Spieler hat nur einen Wurf, also pro Team einen Anwurf und einen Wurf zum Räumen, wobei sich von Tag zu Tag die Spieler abwechseln müssen. Eine andere Variante ist es, die Ergebnisse den Multiplikatoren von 1 bis 6 der Reihe nach zuordnen zu müssen.

Rund um den König 2/2 Fig P

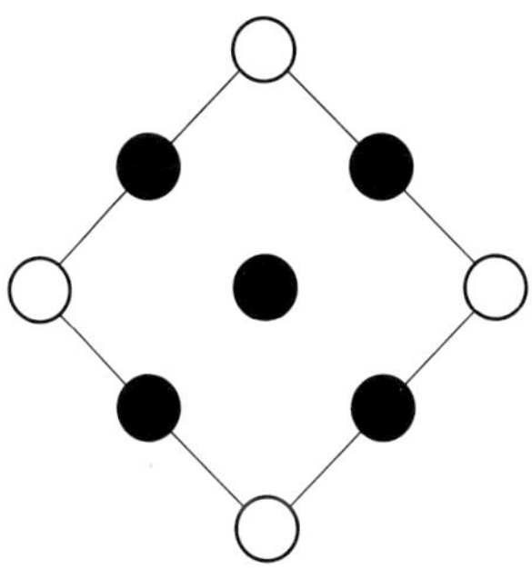

Bei *Rund um den König* werden nur die Damen um den König herum aufgestellt, wie die Abbildung zeigt. Man wählt wieder Teams zu

2 Spielern. Es kommt hierbei darauf an, die Damen abzuräumen, ohne dass der König mitfällt.
Jeder Spieler hat 2 Würfe. Jede Dame zählt 5 Punkte. Gelingt es, mit den insgesamt 4 Würfen pro Team rund um den König abzuräumen, so erhält das Team noch eine Gratisrunde, also nochmals 4 Würfe von vorne.
Fällt der König bei einem Wurf mit, so wird das Bild wieder so hingestellt, wie es aussah, bevor der König fiel. Dann kann weitergeworfen werden. Der Fehlwurf ist natürlich vertan.

Beispiel: Spieler 1 wirft die linke Dame weg und holt im 2. Wurf die linke Hinterdame. Spieler 2 wirft auf die rechte Vorderdame, der König fällt mit. Der 3. Wurf ist also vertan. Es wird das Bild wie nach dem 2. Wurf wieder aufgestellt, also König und die beiden rechten Damen. Spieler 2 wirft nun in seinem 2. Wurf alle beiden Damen auf einmal. Der „Turm" ist völlig abgeräumt, es gibt eine Gratisrunde.
Jedoch Vorsicht, so einfach ist es nicht, komplett abzuräumen.

Wertung: halbe/halbe, Rekorde sollte man notieren.

Schuldenspiel X/1 Volle M

Beim *Schuldenspiel* kommt es in der Tat darauf an, eine vorgegebene Schuld abzubauen. Jede Mannschaft bekommt 12,00 Euro Schuld-Vorgabe. Die Mannschaften werfen abwechselnd je 1 Wurf. Dabei gilt folgende Zählweise:

5 Holz	= 0,20 Euro
6 Holz	= 0,50 Euro
7 Holz	= 0,80 Euro
8 Holz	= 1,00 Euro
9 Holz	= 1,20 Euro
Naturkranz	= 1,50 Euro

Das Spiel dauert so lange an, bis die erste Mannschaft auf 0 ist, das heißt ihre ganzen Schulden abgebaut hat.

Wertung: Hat die eine Mannschaft „0“ erreicht, so zahlt die andere Mannschaft den Betrag als Strafe, den sie noch nicht tilgen konnte. Diese Summe wird durch die Anzahl der Spieler in der Mannschaft geteilt und jedem Verlierer angelastet.

Tag und Nacht 6/1 Abr + P

PAARE	A/B	C/D	E/F	G/H	J/K
Tag Nacht	7 24 31	12 14 26	9 12 21	8 14 22	7 14 21
Tag Nacht	12 18 30	9 14 23	7 12 19	6 24 30	7 18 25
Tag Nacht	7 24 31	7 18 25	9 12 21	9 18 27	12 12 24
	92	74	61	77	70

Eines der populärsten Partnerspiele ist *Tag und Nacht*. Vor Spielbeginn lost man die Partner, die später zusammen spielen sollen, aus.

Dabei sollte man darauf achten, dass jeweils ein Mann und eine Frau zusammenkommen. *Tag und Nacht* ist ein klassisches Abräumspiel. Wie in der Tabelle ersichtlich werden 3 Durchgänge gespielt.
Am „Tage“ wirft dabei der Mann an, und die Frau räumt ab, in der „Nacht“ verfährt man umgekehrt. Das Ergebnis des Tages zählt einfach, das der Nacht doppelt.

Wertung: halbe/halbe, das heißt, die schlechteren Paare verlieren.

Übrigens: Dieses Spiel eignet sich gut für die Rekordliste.

Tannenbaum X/1 Volle M

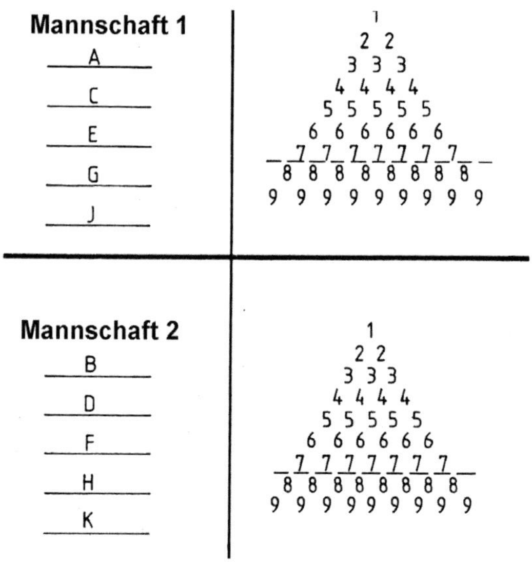

Der *Tannenbaum* ähnelt dem auf Seite 144 beschriebenen → *Thermometer*. Es gilt hierbei, die in Form eines Tannenbaumes angeschriebenen Zahlen zu erkegeln und damit von der Tafel zu löschen. Da dieses Spiel länger dauert, empfiehlt es sich nur, wenn pro Mannschaft höchstens 4 Spieler anwesend sind.
Auf jeden Fall wird hier mit gegenseitigem Ausputzen gespielt, um das Spiel zu beschleunigen. Wirft eine Mannschaft eine Zahl, die sie bereits gelöscht hat, so wird diese dem Gegner gutgeschrieben. Die Zahlen 8 und 9 spielt man am besten mit 2-Wurf-Abräumen – ähnlich wie bei *Thermometer*.

Wertung: Sieger ist die Mannschaft, die zuerst ihren Tannenbaum abgeräumt hat.

Variante: Als einfachere Variante wird *Tannenbaum* zumeist in einer Version gespielt, in der die Zahlen umgekehrt angeschrieben werden, das heißt oben die 9 und unten die Reihe mit neun Einsern. In diesem Fall sind die 8 und die 9 aber mit einem Wurf zu erkegeln, da es ja dann nur eine 9 und zwei 8er gibt.

Teufelsspiel 1/5 Abr + P

Beim *Teufelsspiel* gilt es, durch Würfe in die Vollen und Abräumen mindestens 38 Holz zu erreichen. Man lost die Partner wieder vorher aus. Jeder Partner hat 5 Wurf, wobei der eine – nach eigener Wahl – immer anwirft, der andere mit seinen 5 Wurf immer nur versucht, abzuräumen. Also immer Anwurf in die Vollen, dann Wurf zum Räumen und wieder Anwurf in die Vollen usw.

Wertung: Die weniger erfolgreiche Hälfte der ausgelosten Paare verliert; wer zusätzlich unter 38 bleibt, muss pro Fehlpunkt 5 Cent zahlen. Ein Paar, das nur 34 Holz erreicht, verliert also neben dem Grundbetrag von 20 Cent nochmals 4 x 5 Cent = 20 Cent. Diese Beträge sind natürlich von beiden Partnern gleichermaßen zu entrichten.

Thermometer X/1 Volle+Abr M

Mannschaft 1			Mannschaft 2
	1	1	
A	2	2	C
	~~3~~	~~3~~	
D	4	~~4~~	E
K	~~5~~	5	B
	~~6~~	6	
F	~~7~~	7	H
G	8	~~8~~	J
	9	9	
	0	0	

Zu den weit verbreiteten Mannschaftsspielen zählt das Spiel *Thermometer*, das seinen Namen wohl daher hat, dass die Zahlen 1–9 plus Kranz untereinander aufgeschrieben werden und dabei an die Form eines Thermometers erinnern. Die angeschriebenen Zahlen sind möglichst schnell von den Mannschaften zu erkegeln. Sie werden dann von der Tafel gelöscht. Die Zahlen 1–8 müssen dabei ausschließlich mit Würfen in die Vollen erkegelt werden. Die 9 und der Kranz dürfen jedoch mit 2 Wurf zum Abräumen geworfen werden.

Voraussetzung ist allerdings, dass die Zahlen 1–8 vorweg gelöscht wurden. Erst dann darf auf 2 Wurf für die betreffende Mannschaft umgestellt werden.
Die Mannschaften wechseln sich nach jedem Wurf ab. Die Reihenfolge des Auslöschens spielt beim Spielfortschritt keine Rolle.

Wertung: Es siegt die Mannschaft, die als Erste alle Zahlen des Thermometers erkegelt und damit gelöscht hat.

Variante: Eine sehr reizvolle Variante dieses Spieles ist folgende: Man kegelt mit „gegenseitigem Ausputzen“, was die Spannung beträchtlich erhöhen kann. Gegenseitiges Ausputzen heißt, dass, wenn Mannschaft 1 zum Beispiel schon die 3 gelöscht hat, diese aber noch einmal bei ihr fällt, dafür dann die 3 bei der Mannschaft 2 gelöscht wird.

Vereinfachter Barthel X/1 Abr + M

Mannschaft 1	Durchgangssieger		Mannschaft 2
21	X		17
33	X		20
16		X	29
26	X		18
16		X	24
36	X		32
Sieger:	X		

Beim *Einfachen Barthel* (oder auch *Vereinfachter Barthel* genannt, ➔ *Barthel*) wird nicht die Differenz notiert, sondern dem Durchgangssieger – unabhängig vom Ergebnis – ein Kreuz angeschrieben. Des Weiteren wird hierbei nicht jedes Ergebnis gegen das vorhergehende und das nachfolgende verrechnet, sondern nur mit dem entsprechenden Durchgang der gegnerischen Mannschaft verglichen. Gespielt wird, bis eine Mannschaft 4 Kreuze erreicht hat. Bei dieser Art des Spiels ist die Mannschaft mit den 4 Gutschriften immer auch der Sieger.

Wertung: Dem Verlierer wird die Differenz der erzielten Kreuze mal 20 Cent berechnet.

Verflixte 6 X/1 Volle M

Mannschaft 1			Mannschaft 2		
A	17			0	B
C	24			32	D
E	56			44	F
G	92		4 7 7 5 7 6	44	H
J	95	3			K

Die *Verflixte 6* ist genau das richtige Spiel, wenn es darum geht, wieder etwas Leben in den Regelabend zu bringen. Es gilt, durch Würfe in die Vollen möglichst schnell die Zahl „101“ zu erreichen.

Dabei ist jedoch zu beachten:

- Würfe unter 3 zählen nicht und haben Mannschaftswechsel zur Folge.
- 3 Holz zählen, lösen aber auch Mannschaftswechsel aus.
- Fällt eine 6, so werden alle in diesem Durchgang bereits erzielten Würfe gelöscht, gleichzeitig ist wiederum Mannschaftswechsel.

Vor Spielbeginn wählt jede Mannschaft einen Spielführer für sich. Dieser bestimmt, wie lange in einem Durchgang geworfen wird. Er kann also seine Mannschaft der Reihe nach mit je 1 Wurf so lange spielen lassen, wie er das Risiko eingehen will, dass vielleicht doch eine „6" fällt, oder Würfe von 3 und darunter Mannschaftswechsel erfordern. Stoppt der Mannschaftsführer irgendwann das Werfen, so befiehlt er „Einfahren"; und damit ist die nächste Mannschaft am Spiel. Beim „Einfahren" werden nun die erzielten Ergebnisse summiert und dem alten Resultat zugeschlagen.
Siehe dazu auch die Abbildung. Die Mannschaft 2 hat eine 4, 7, 7, 5, 7, 6 geworfen. Die „6" löscht alle Würfe, deshalb bleibt es bei dem alten Resultat von 44 Holz. Hätte der Mannschaftsführer einen Wurf früher „eingefahren", so hätte er $4 + 7 + 7 + 5 + 7 = 30$ Holz gewonnen. Durch die gefallene verflixte 6 ist nun Mannschaft 1 wieder an der Reihe. Sie erzielt gleich durch den ersten Werfer eine 3. Diese wird zwar gutgeschrieben, erzwingt aber wieder einen Wechsel zur Mannschaft 2.

Wertung: Sieger ist die Mannschaft, die zuerst die 101 erreicht, oder – wenn die andere Mannschaft noch nachwerfen darf – die Mannschaft, die dann das höchste Ergebnis über 101 erzielt.

Übrigens: Erreicht man als vorwerfende Mannschaft die 101, sollte man auf jeden Fall noch ein paar Würfe hinzutun, um nicht noch zu guter Letzt durch die nachwerfende Mannschaft überholt zu werden. Mannschaft 2 hat nämlich den Nachwurf!

Da die Durchgänge unterschiedlich lang sind, muss der Mannschaftsführer sich merken, wer von seinen Spielern als Letzter vor dem Mannschaftswechsel geworfen hat, damit es nachher beim Nächsten in der Reihenfolge wieder weitergehen kann.

Wechselräumen 2/X Abr M

MANNSCHAFT	I	II
1x		
2x		11 = 22
3x	15 = 45	
4x		
5x		20 = 100
6x	22 = 132	
=		

Das Spiel *Wechselräumen* kann besonders spannend werden, weil hier jeweils 1 Spieler der Mannschaft 1 direkt gegen einen Spieler der Mannschaft 2 antritt. Gespielt werden 2 Durchgänge. Im ersten Durchgang beginnen die Spieler der Mannschaft 1 jeweils mit dem Wurf in die Vollen, im zweiten umgekehrt.

Das Spiel läuft nun wie folgt: Von jeder Mannschaft geht 1 Spieler auf die Bahn. Einer wirft an, wie oben beschrieben, der andere muss jetzt weiter abräumen, dabei aber zumindest ein Holz erzielen. Gespielt wird so lange, bis ein Spieler kein Holz mehr erzielt. Dann bekommt seine Mannschaft die noch stehende Kegelanzahl auf das Minuskonto. Wenn der Vorgänger ganz abräumt, dann werden seiner Gegenpartei 3 Punkte angeschrieben. Danach gehen die nächsten beiden auf die Bahn usw.

Wertung: Die Mannschaft mit dem „höchsten“ Ergebnis verliert diesmal, da es sich um Strafpunkte handelt.

Wichtig: Sobald ein Spieler einen Fehlwurf tätigt (hierzu zählt natürlich auch der Pudel) hat der Gegner unabhängig von der regulären Reihenfolge noch einen Wurf gut, um durch ein eventuelles Abräumen das Strafkonto des Verlierers weiter zu erhöhen.

Zahlen-Nappo X/1 Volle M

Zahlen-Nappo als Mannschaftsspiel wird im Grunde genauso gespielt wie das gleichnamige Einzelspiel ➔ *Zahlen-Nappo*. Der Unterschied liegt darin, dass jetzt nicht mehr mit der letzten 5 das Spiel beendet ist, sondern erst, wenn eine der beiden Mannschaften alle Zahlen erkegelt hat. Für Pudel und schon erkegelte Zahlen wird ein Strich zu 0,10 Euro angeschrieben. Der Pudel wird natürlich in der Pudelwertung noch gesondert gerechnet. Die Mannschaften werfen abwechselnd je 1 Wurf.

Mannschaft 1			Mannschaft 2
	1	1	
	2 2	2 2	
A	3 3 3	3 3 3	E
B	4 4 4 4	4 4 4 4	F
C	5 5 5 5 5	5 5 5 5 5	G
D	6 6 6 6	6 6 6 6	H
	7 7 7	7 7 7	
	8 8	8 8	
	9	9	

Wertung: Sieger ist die Mannschaft, die zuerst alle Zahlen gelöscht hat. Die Verlierermannschaft wird zunächst für jeden Mitspieler mit einem verlorenen Spiel belastet = 0,20 Euro pro Kopf. Danach werden die Striche für Fehlwürfe addiert, wobei die Striche *der Gewinnermannschaft dazugezählt* werden. Diese Gesamtsumme wird auf die Verlierer gleichmäßig umgelegt.

Zielschießen 9/1 Volle M

Beim *Zielschießen* steht der Automat in die Vollen. Es muss versucht werden, der Reihe nach die Zahlen 1–9 zu erzielen. Getroffene Zahlen werden, wie unten dargestellt, angekreuzt und am Spielende für jeden einzelnen Spieler addiert. Die Ergebnisse aller Spieler ergeben dann das Mannschaftsresultat.

Wertung: Die Mannschaft mit der höchsten Punktzahl gewinnt. Bei Punktgleichheit entscheidet die Anzahl der 9er.

		1	2	3	4	5	6	7	8	9		Resultat
	A	X	X	X		X		X	X		26	
M 1	C		X	X	X			X			16	58
	E	X		X		X		X			16	
	B	X		X	X	X	X	X			26	
M 2	D				X	X	X	X			22	79
	F	X					X	X	X	X	31	

200 Abwärts X/1 Volle M

200 *Abwärts* ist ein Spiel in die Vollen. Jede Mannschaft erhält 200 Punkte angeschrieben, von denen sie sich hinunter auf „0“ kegeln muss. Die Mannschaften werfen abwechselnd je einen Wurf. Bis zu 5 Holz werden je Holz ein Punkt abgezogen. Ab 6 Holz gibt es eine andere Zählweise:

6 Holz = 10
7 Holz = 18
8 Holz = 24
9 Holz = 36
Naturkranz = 48
Stina = 12

Wertung: Es gewinnt die Mannschaft, die zuerst „0“ erreicht hat. Je nachdem, welche Mannschaft begonnen hat, steht der anderen eventuell noch das Recht auf Nachwerfen zu.

Anhang

Hier finden Sie ein Verzeichnis der Kegelspiele von A bis Z, ein kleines Lexikon der Kegelbegriffe, das Beispiel einer Club-Satzung und ein Adressverzeichnis rund um den Kegelsport.

Kleines Kegel-Lexikon

Anwurf: Der Anwurf ist der 1. Wurf in das volle Kegelbild.

Abräumen: Das Abräumen der Kegel mit einem Minimum an Würfen. Wird bei einem Spiel abgeräumt, so heißt das, die nachfolgenden Werfer müssen die stehen gebliebenen Kegel nach dem Anwurf so lange weiterspielen, bis die Platte vollends abgeräumt oder ein Kranz erzielt ist.

Anlaufbohle: Der Bereich rechts und links der Aufsatzbohle bei Asphalt-, Bohlen- und Scherenbahn.

Aufsatzbohle: Der einzige Bereich, in dem die Kugel aufgelegt werden darf. Hält man sich nicht daran, so handelt es sich um einen Nullwurf.

Bande: Seitliche Begrenzung der Kegelbahn, 14 cm hoch.

Bärbel: Wenn die drei vertikalen Mittelkegel (König, Vorder- und Hinterkegel) stehen bleiben, dann sprechen Kegler von einer Bärbel.

Bauer: Die linken und rechten Eckkegel (4 und 6).

Bilderkegeln: Für Kegelspiele auf Figuren wendet man diesen Ausdruck an. Am Schalpult kann man die Bilder vorwählen.

Clubbeitrag: Der Clubbeitrag dient zur Finanzierung der Bahnkosten. Er ermittelt sich aus diesem Betrag, geteilt durch die Anzahl der Mitglieder.

Dame: Die Kegel rund um den König werden Dame genannt (2, 3, 7, 8).

Dreibahnen: Meisterschaften in den Disziplinen Asphalt-, Bohlen- und Scherenbahn. Hauptsächlich in Norddeutschland üblich.

Durchgang: Der Durchgang bei einem Einzelspiel dauert so lange, bis alle Mitspieler einmal an der Reihe waren; bei einem Mannschaftsspiel spricht man von Durchgang, wenn eine Mannschaft gemäß den Spielregeln komplett „durchgeworfen" hat.

Fehlwurf: Der Kegelstand wird nicht getroffen, weil die Kugel in die Ablaufrinne gespielt wurde oder die seitlichen Banden berührt.

Figurenspiel: Bei solchen Spielen wird auf vorher festgelegte besondere Kegelstellungen (Figuren oder Bilder) geworfen.

Fixierpunkt: So wird der Punkt am Ende der Aufsatzbohle bezeichnet, über den die Kugel immer rollen sollte, genau in der Mitte. Kann auch mit einem Kreidestrich als Hilfsmittel markiert werden.

Gassen: Zwei Wurfgassen werden unterschieden: die beiden Damengassen links und rechts (zwischen Vorderholz und Dame) und die beiden Bauerngassen links und rechts (zwischen Dame und Bauer).

Gassenzwang: Nur bei Bohlen- und Scherenbahn, die Gasse ist vorgeschrieben und muss vor dem Wurf angesagt werden. Wird die Gasse nicht getroffen, ist dies ein Fehlwurf.

Gastkegler: Gastkegler sind Mitspieler, die keine Mitglieder in dem betreffenden Club sind.

Großer Keil: Die ersten 5 Kegel (Vorderkegel, Damen, Bauern) werden aus den Vollen herausgeworfen oder zum Bilderspiel aufgestellt.

halbe/halbe: Bei der Spielauswertung spricht man von halbe/halbe, wenn die Spielregeln nichts Spezielles darüber vorsehen, wer gewinnt und wer verliert. Bei halbe/halbe verliert die jeweils schlechtere Hälfte das Spiel. Bei einer ungeraden Teilnehmerzahl verliert die größere Hälfte.

Hamburg: Bei „Hamburg" sind nach dem Wurf die 3 horizontalen Mittelkegel (König, linker und rechter Bauer) stehen geblieben.

Hannes: Die rechte vordere und die rechte hintere Dame sind stehen geblieben (= rechte Gasse). Bei der „Linken Gasse" (linke vordere und hintere Dame) spricht man natürlich auch von einem „Hannes".

Hinterkegel: Bei Asphalt-, Bohlen-und Scherenbahn der Kegel Nummer 9.

Holz holen: Dies bedeutet: Ein Spieler muss so lange weiterwerfen, bis er mindestens einen Kegel trifft.

Holzzahl: Die Anzahl der umgeworfenen Kegel.

Kassenbuch: Das Kassenbuch, auch Kegelbuch genannt, dient der allgemeinen Buchführung und Übersicht im Kegelclub über die Kegelergebnisse und Geldabrechnungen.

Kleiner Keil: Das Vordereck und die beiden vorderen Damen werden aus den Vollen herausgeworfen oder als Bilderspiel aufgestellt.

König: Als König wird der Mittelkegel bezeichnet, der durch einen Aufsatz von 3 cm höher ist als die übrigen 8 Kegel.

Kranz: Ein Kranz liegt vor, wenn nach einer Abräumpartie der König allein stehen bleibt. Der Kranz zählt 12 Punkte. Beim Spiel in die Vollen gibt es keinen Kranz.

Kranzanlage: Von einer Kranzanlage spricht man, wenn die Kegel so stehen, dass mit einem weiteren Wurf ein Kranz möglich ist, zum Beispiel König und Hinterdame.

Lasso- oder Seilwurf: Wenn andere Kegel vom Seil eines getroffenen Kegels mit umgerissen werden.

Leuchttürme: So nennt man das Kegelbild, wenn nur noch die Außenkegel 4 und 6 (beide Bauern) stehen geblieben sind. Wer diese beiden übrigen Kegel dann mit einem Wurf abräumt, darf getrost Glückspilz genannt werden und sollte freiwillig entweder eine Runde geben oder in die Kasse spenden.

Linke Gasse: Siehe „Hannes".

Linker Anker: Vier Kegel, Vorderkegel (1), linke Dame (2) und linker Bauer (4), dazu die rechte hintere Dame (8) sind stehen geblieben. Im 2. Wurf ist diese Situation lösbar: Kegel 1 und 8 werden von der Kugel getroffen, 2 wird durch 1 und 4 durch 3 umgeworfen.

Lübeck: Stehen nach dem Wurf noch die 4 Eckkegel (1, 4, 6, 9), so nennt man dies „Lübeck".

Lustwurf: Von einem Lustwurf spricht man, wenn ein Kegler zu früh geworfen hat. Er hat es versäumt abzuwarten, bis vorne an der Anzeige das grüne Licht aufleuchtete. Lustwürfe können mit einem Geldbetrag „bestraft" werden. Auf alle Fälle ist der Wurf, unabhängig vom Ergebnis, zu wiederholen.

Mitgliederzahl: Ein Gesellschaftskegelclub sollte nicht weniger als 10 und nicht mehr als 14 Mitglieder haben.

Nachwurf: Bei Spielen, die nicht auf eine feste Anzahl an Durchgängen festgelegt sind, wird das Spiel meist dadurch beendet, dass ein Spieler oder eine Mannschaft ein bestimmtes Ziel erreicht hat. Dann dürfen oft die anderen nachwerfen, um die gleiche Wurfanzahl zu bekommen wie der Sieger.

Naturkranz: Ein Naturkranz liegt dann vor, wenn bei einem Abräumspiel mit einem Wurf alle Kegel außer dem König umgeworfen werden. Der Naturkranz zählt 15 Punkte. Beim Spiel in die Vollen gibt es keinen Naturkranz.

Naturneuner: Ein mit einem einzigen Wurf erzielter Neuner.

Neuner: Ein Neuner liegt dann vor, wenn mit einem Wurf alle neun Kegel zu Fall gebracht werden (siehe Naturneuner).

Nullwurf:
1. Das Auflegen der Kugel neben oder hinter der Aufsatzbohle.
2. Wenn der weiße Grenzstrich überschritten wird.
3. Jede Hilfestellung, wie das Berühren des Bodens, der Wand oder des Kugelrücklaufs mit der Hand.
4. Von einem Nullwurf spricht man, wenn die Kugel in die falsche Gasse läuft (natürlich nur bei einem Spiel mit Gassenzwang) oder wenn sie durch das Kegelbild läuft, ohne ein Holz umzuwerfen, oder in die Ablaufrinne geworfen wird.

Platte: Von einer Platte wird gesprochen, wenn alle Kegel abgeräumt sind oder wenn man alle neun Kegel (eben eine ganze Platte) aufgestellt bekommt.

Pudel/Bande: Ein Pudel liegt dann vor, wenn die Kugel von der Bahn in die seitliche Rinne oder an die seitliche Begrenzung (Bande) rollt. Bande ist nur bei Kegeln auf Asphaltbahn möglich. Pudel zählen grundsätzlich nur bei Würfen in die Vollen, nicht beim Abräumen.

Pudelmütze: Mit der Pudelmütze wird der Spieler „ausgezeichnet“, der über den gesamten Kegelabend die meisten Pudel geworfen hat.

Punktewertung: Die Punktewertung dient zur Ermittlung der Klubmeister.

Rechte Gasse: Siehe „Hannes“.

Rechter Anker: Vier Kegel, Vorderkegel (1), rechte Dame (3) und rechter Bauer (6), dazu die linke hintere Dame (7), sind stehen geblieben. Im 2. Wurf ist diese Situation lösbar: Kegel 1 und 7 werden von der Kugel getroffen, 3 wird durch 1 und 6 durch 3 umgeworfen.

Sandhase: Sandhase oder Sandwerfen liegt vor, wenn die Kugel nicht vor der Bahnbegrenzungslinie aufgesetzt, sondern weit in die Bahn geworfen wird. Gilt als Nullwurf und kann die Bahn beschädigen.

Schaltpult: Die Zentrale in jeder Kegelbahn, mit der man das Spiel dirigieren kann. In die Vollen, Abräumen oder Bilderkegeln lassen sich mit dem Schaltpult einstellen.

Schuster: Beim „großen Schuster" sind nach dem Wurf der Vorderkegel und die beiden Bauern stehen geblieben sind. Beim „kleinen Schuster" stehen die Kegel 1, 7 und 8 noch (Vorderkegel und beide Hintergassenkegel).

Stina: Mit Stina bezeichnet man die 3 Kegel durch die Mitte (Kegel 1, 5 und 9).

Strafen: Unter diesem Begriff werden die Beträge für verlorene Spiele, Pudel/Banden und Umlage von Neunerwürfen verstanden.

Striche: Mit Strichen schreibt man die Strafen an der Tafel an. Dabei ist der Grundbetrag 0,20 €, der durch einen senkrechten Strich gekennzeichnet wird, 0,10 € mit einem waagrechten.

Vollen: Wird in die Vollen gespielt, so bedeutet das, dass bei jedem Wurf immer das komplette Neunerbild aufgestellt wird. Ein „Kranz", in die Vollen geworfen, zählt nur 8 Holz.

Vorderkegel: In der Asphalt-, Bohlen- und Scherenbahn der Kegel Nummer 1. Er ist dem Spieler am nächsten aufgestellt.

Wurf/Würfe: In der „Kegelsprache" werden mehrere Würfe auch mit *Wurf* bezeichnet; z. B. 3 *Wurf*, 5 *Wurf* etc.

Beispiel einer Satzung

Der neu gegründete Kegelclub führt den Namen

„Die 14 Holzmichel“

Punkt 1: Der Kegelclub ist ein gemischter Kegelclub. Es werden nur Paare aufgenommen. Die Zahl der ordentlichen Mitglieder wird auf 7 Paare = 14 Personen beschränkt.

Punkt 2: Die Kegelbahn des Kegelclubs befindet sich im Lokal „Zum Ochsen“. Ein eventueller Wechsel der Bahn bedarf der Zustimmung aller Mitglieder.

Punkt 3: Es wird samstagabends von 20.00 bis 23.30 Uhr im 14-tägigen Rhythmus gekegelt. Änderungen können sich während der Urlaubszeit oder wegen Veranstaltungen des Lokals ergeben.

Punkt 4: Neuaufnahmen bedürfen einer Zweidrittel-Mehrheit der stimmberechtigten Mitglieder. Die Abstimmung darüber erfolgt frühestens nach 3-maligem Gastkegeln. Sie ist grundsätzlich geheim durchzuführen.

Punkt 5: Jedes im Anhang aufgeführte Mitglied ist stimmberechtigt und partizipiert anteilmäßig an der Clubkasse. Es hat aber auch die Pflicht, den Kegelabend regelmäßig zu besuchen. Im Verhinderungsfalle hat es sich persönlich beim Präsidenten abzumelden.

Punkt 6: Der Kegelclub wählt in geheimer Wahl folgende Ämter für die Dauer eines Jahres:

(1) Präsident/in

(2) Kassierer/in

(3) Spielführer/in

Wiederwahl ist zulässig. Stellvertreter des Präsidenten ist der Kassenwart und umgekehrt. Der Spielführer wird durch den jeweils zuletzt aus dem Amt entlassenen Präsidenten vertreten.

Punkt 7. Der Präsident repräsentiert den Club in allen Angelegenheiten der Darstellung in der Öffentlichkeit und im Zusammenarbeiten mit anderen Clubs. Er besitzt bei Abstimmungen mit gleichem Stimmverhältnis die entscheidende Stimme.

Punkt 8: Der Kassenwart führt in einem Kegelbuch die Kassengeschäfte des Clubs, ist für die Einziehung von Strafen und Beiträgen sowie für Verwahrung und Nachweis des Geldes verantwortlich.

Punkt 9: Der Spielführer ist für den Spielablauf, für die Durchführung etwaiger Pflichtspiele sowie Meisterschaften und Vergleichskämpfe verantwortlich. Er führt eine Übersicht über Spielrekorde und eine Punkteliste für die Klubmeisterschaft.

Punkt 10: Die Mitgliedsbeiträge dienen in erster Linie der Finanzierung der Kegelbahngebühren. Als Beitrag werden 3,00 Euro pro Person erhoben.

Punkt 11: Der Grundbetrag für verlorene Spiele und Pudel ist 0,20 Euro. Pudel zählen nur bei Würfen in die „Vollen". Bei Spielen mit mehr als 3 Durchgängen erhöht sich der Grundbetrag für verlorene Spiele um je 0,10 Euro für jeden weiteren Durchgang.

Punkt 12: Für jeden 9er/Naturkranz werden den Mitspielern 0,20 Euro angeschrieben. Naturkränze zählen 15, normale Kränze 12, sofern es sich um Abräumspiele handelt. Für den 1. Neuner jeder Saison ist eine Runde zu zahlen.

Punkt 13: Fehlende Mitglieder zahlen den Schnitt der verlorenen Spiele + Pudel + 9er/Naturkränze nach, zuzüglich des halben Mitgliedsbeitrages für den fehlenden Abend. Zu spät kommende Mitglieder erhalten alle bis dahin durchgeführten Spiele + 9er/Naturkränze als verloren angeschrieben, sofern das Mitglied noch mehr als 1 Stunde mitkegelt. Ansonsten wird ihm der bis dahin erzielte Schnitt + selbst erzielte Verluste angeschrieben.

Punkt 14: Von jedem Mitglied können Gastkegler mitgebracht werden, wobei man sich vorher darüber orientieren sollte, dass eine Gesamtzahl von 16 Personen nicht überschritten wird. Gastkegler zahlen 4,00 Euro pro Person Beitrag.

Punkt 15: Während der jeweiligen Saison wird anhand einer Punktewertung der/die Klubmeister/in über das gesamte Jahr ermittelt. Er/Sie erhält zur Erinnerung einen kleinen Pokal, der in seinen/ihren Besitz übergeht.

Punkt 16: Das Pokalkegeln wird einmal am Ende eines Kegeljahres als Königskegeln durchgeführt (25 Volle + 25 Räumen). Die Sieger erhalten einen Wanderpokal, der erst nach 3-maligem Gewinn in den Besitz übergeht.

Punkt 17: Zur Ermittlung der Punkte für die Klubmeisterschaft werden am Ende des Kegelabends die verlorenen Spiele + Pudel + 9er/Naturkranzumlegungen aufaddiert. Es werden die Punkte 7 abwärts bis 1 getrennt für Männer und Frauen vergeben. 7 Punkte erhält der/die Spieler/in mit dem geringsten zu zahlenden Betrag, danach in der Reihenfolge der Strafen.

Punkt 18: Als ständiges an jedem Spielabend durchzuführendes Spiel wird das Königsspiel eingeführt (5-mal in die „Vollen“ + 5-mal Abräumen).

Punkt 19: Die Umlagekasse dient zur Finanzierung von Pokalen, Preisen, Gebühren usw., um die Hauptkasse damit nicht zu belasten. Jedes Mitglied hat pro Spielabend 0,50 Euro in die Umlagekasse einzuwerfen. Wahlweise kann auch für eine verlorene Runde in diese Kasse der Betrag von 20,00 Euro eingezahlt werden.

Punkt 20: Jedes Mitglied kann jederzeit ohne Angaben von Gründen austreten. Es erhält dann seinen anteiligen Betrag abzüglich 20 % aus der Kasse ausbezahlt.

Punkt 21: Der Ehrenausschuss wird gebildet von den jeweils 3 letzten Clubpräsidenten. Er dient als Schlichtungsstelle und hat das letztgültige entscheidende Wort.

Punkt 22: Der gegründete Club kann nur mit Einverständnis aller aufgelöst werden, ansonsten darf er von den Restmitgliedern unter dem gleichen Namen weitergeführt werden, die dann die Austretenden gemäß Punkt 20 auszahlen. Satzungsänderungen können nur mit einer dreiviertel Mehrheit der stimmberechtigten Mitglieder erfolgen.

Die vorstehende Satzung des Kegelclubs „Die 14 Holzmichel“ wurde am 12.3.2005 durch die Gründungsmitglieder angenommen und genehmigt.

Gründungsmitglieder
Neuaufnahmen/Änderungen/Austritte

Übrigens:
Es empfiehlt ich, eine Statistik zu führen und diese jährlich abzugleichen. So zeigt sich z. B. ob die Zahl der Pudel ansteigt oder sinkt, oder wer der beste Kegler ist. Am Abend dieser „Jahreshauptversammlung“ könnte auch das jährliche Pokalkegeln stattfinden.

Alphabetisches Verzeichnis der Kegelspiele

Einzelspiele

Mannschaftsspiele

Adressen

Kegeln in Deutschland – Landesverbände:

Baden-Württemberg:
Badischer Keglerverband/BKV
(http://www.bkv-sandhausen.de)
Geschäftsstelle BKBV
Schützenstr. 10, 69207 Sandhausen
und Württembergischer Kegler-
und Bowling-Verband/WKBV
(http://www.wkbv.de)

Bayern:
Bayerischer Sportkegler-Verband/BSKV
Alfred Altmann
Josef-Doll-Str. 6, 82061 Neuried
Tel. 089 7557181
(http://www.bskv-online.de)

Berlin:
Landesfachverband Berlin
für Sportkegeln
Geschäftsstelle:
Stresemannstr. 68, 10963 Berlin
(http://www.kegeln-ffvberlin.de)
Deutscher Keglerbund e.V.
Wilhelmsaue 23, 10715 Berlin
Fax 030 8737314

Brandenburg:
Sportkeglerverband Brandenburg e.V.
Görlitzer Straße 1a, D-03046 Cottbus
Tel. 0355 4887079, Fax 0355 4990727
(http://www.skvb.de)

Bremen:
Bremer Kegler-Verein/BKV Bremer
Freizeit- und Kegelsportcenter des BKV
28 Bohlen-/2 Scheren-/2 Asphaltbahnen
Duckwitzstr. 71, 28199 Bremen
Tel. 0421 511282 oder 513338
Fax 0421 511285
(http://www.bkv.x2.nu)

Hamburg:
Landesfachverband Hamburg
für Sportkegeln
Jörg Fenin (ViSdP)
E-Mail: joerg@kegelnhh.de
Tel. 040 39907237, Fax 040 3901997
(KSK Wacker Harburg von 1919)
(http://www.kegelnhh.de)

Hessen:
Hessischer Kegler- und Bowling
Verband e.V.
Otto Fleck-Schneise 4
60528 Frankfurt
Tel. 069 6789100, Fax 069 6789312
(http://www.hkbv-evv.de)

Mecklenburg-Vorpommern:
Sportkeglerverband Mecklenburg-Vorpommern/SKVMV
(http://www.skvmv.de)

Niedersachsen:
Keglerverband Niedersachsen/KVN
Jürgen Weigang
Im Fischteich 12, 31228 Peine
Tel. 05171 22202, Fax 05171 24119
E-Mail:
kvn-geschaeftsstelle@ t-online.de
(http://www.kegeln-kvn.de)

Nordrhein-Westfalen:
WKV Westdeutscher Kegel- und Bowling-Verband e.V.
Uwe Schumacher
Hansaring 16, 46483 Wesel
Tel. 0281 30076000
E-Mail: uwe@schumacher-wesel.de
(http://www.w-k-v.de)

Rheinland-Pfalz:
Landesfachverband Rheinland-Pfalz Kegeln e.V.
Sektion Classic
Sektionssportwart Günter Geibel
Turmstr. 91, 55210 Mainz
Tel./Fax 06131 688848
E-Mail: rplgg@.t-online.de
(http://www.rplgg.business.t-online.de)

LFV Rheinland-Pfalz e.V.
Kegeln
„Sektion Schere"
Heidi Geiter
Buchenweg 3, 54497 Morbach
Tel. 06533 5751, Fax 06533 5750
(http://www.lfv-kegeln.de)

Saarland:
Sportverband Saarländischer Kegler
1. Vorsitzender: Johannes Wirth
Am Berg 40, 66679 Losheim
Tel. 06872 88167, Fax 06872 5508
(http://www.ssk-online.de)

Sachsen:
Keglerverband Sachsen e. V.
Reichenhainer Str. 154
09125 Chemnitz
Tel. und Fax 0371 54482
E-Mail: keglerverb.sachsen@ t-online.de
(http://www.sachsenkegler.info)

Sachsen-Anhalt:
Landesverband Kegeln/Bowling Sachsen-Anhalt
Barbarastr. 21 a, 39218 Schönebeck
Tel. 039 28-4698338
E-Mail: info@ lvkb-geschaeftsstelle.de
(http://www. lvkb-geschaeftsstelle.de)

Schleswig-Holstein:
Schleswig-Holsteinischer
Sportkeglerverband e.V. /SHKV
Geschäftsstelle
Ohldörp 113, 24783 Osterrönfeld
Tel. 04331 8685670, Fax 04331 8685671
(http://www.shkv.de)

Thüringen:
Thüringer Kegler Verband e. V.
– Geschäftsstelle –
Hüttenholzstraße 26, 98693 Ilmenau
Tel. 03677 881502, Fax 03677 881502
E-Mail: gs@tkv-kegeln.de
(http://www.tkv-kegeln.de)

Kegeln in Österreich
Österreicher Sport- Kegel-
und Bowlingverband
Huglgasse 13–15/2/2/6, A-1150 Wien
Tel. +43 1 9821802
Fax +43 1 9859591
oesbk@aon.at

Landesverband Steiermark
Einödmayerstrasse 24, 8700 Leoben
E-Mail: oeskb.lv.stmk@aon.at

Kegeln in der Schweiz
Schweizer Sportkegler-Verband
Präsident: Horst Salutt
Gäuggelistrasse 6, Ch-7000 Chur
Natel 079 3555825, Fax 081 2525564
E-Mail: horst.salutt@bluewin.ch

Zuercher Kantonaler
Sportkegler-Verband
Jurt Walter
Waldeggweg 10
CH-8302 Kloten
Tel. 01 8143354
E-Mail: jurt-kzakv@tele2.ch

Kegeln in Italien (Südtirol)
ISKV – Italienischer Sportkeglerverband
Pfarrhofstrasse
Tel. 0471 254161, Fax 0471 254871
I-39100 Bozen
E-mail: info@iskv.it
(http://www.iskv.it/)

Sonstige Adressen:
Deutscher Keglerbund Classic
E-mail: gs.dkbc@t-online.de
(http://www.kegeln-dkbc.de)

Internet-Seiten des Verlages
Bernd Gottwald:
Kegelreport – Online-Forum der
schleswig-holsteinischen Sportkegler
(http://www.Kegelreport.de)

Internet:
http://www.kegeln.de
www.alle9.de
http://www.acht-wackeln.de/html/
kegelbuch_0.html

Monat / Datum: ______________________________

Name	Beitrag	Strafen	Alle 9	Kranz	

Abrechnung:

Kosten Kegelbahn:	Sonstige Kosten:	Spenden:

	Pudel	Soll zahlen	Hat gezahlt	Offen	Sonstiges

Einnahmen heute:	Kassenstand heute:

Monat / Datum: ______________________________

Name	Beitrag	Strafen	Alle 9	Kranz	

Abrechnung:

Kosten Kegelbahn:	Sonstige Kosten:	Spenden:

	Pudel	Soll zahlen	Hat gezahlt	Offen	Sonstiges

Einnahmen heute:	Kassenstand heute:

Monat / Datum: ______________________________

Name	Beitrag	Strafen	Alle 9	Kranz	

Abrechnung:

Kosten Kegelbahn:	Sonstige Kosten:	Spenden:

	Pudel	Soll zahlen	Hat gezahlt	Offen	Sonstiges

Einnahmen heute:	Kassenstand heute:

Monat / Datum: ______________________________

Name	Beitrag	Strafen	Alle 9	Kranz	

Abrechnung:

Kosten Kegelbahn:	Sonstige Kosten:	Spenden:

	Pudel	Soll zahlen	Hat gezahlt	Offen	Sonstiges

Einnahmen heute:	Kassenstand heute:

Monat / Datum: ______________________________

Name	Beitrag	Strafen	Alle 9	Kranz	

Abrechnung:

Kosten Kegelbahn:	Sonstige Kosten:	Spenden:

	Pudel	Soll zahlen	Hat gezahlt	Offen	Sonstiges

Einnahmen heute:	Kassenstand heute:

Monat / Datum: ______________________________

Name	Beitrag	Strafen	Alle 9	Kranz	

Abrechnung:

Kosten Kegelbahn:	Sonstige Kosten:	Spenden:

	Pudel	Soll zahlen	Hat gezahlt	Offen	Sonstiges

Einnahmen heute:	Kassenstand heute:

Monat / Datum: ______________________________

Name	Beitrag	Strafen	Alle 9	Kranz	

Abrechnung:

Kosten Kegelbahn:	Sonstige Kosten:	Spenden:

	Pudel	Soll zahlen	Hat gezahlt	Offen	Sonstiges

Einnahmen heute:	Kassenstand heute:

Monat / Datum: ______________________________

Name	Beitrag	Strafen	Alle 9	Kranz	

Abrechnung:

Kosten Kegelbahn:	Sonstige Kosten:	Spenden:

	Pudel	Soll zahlen	Hat gezahlt	Offen	Sonstiges

Einnahmen heute:	Kassenstand heute:

Monat / Datum: ______________________________

Name	Beitrag	Strafen	Alle 9	Kranz	

Abrechnung:

Kosten Kegelbahn:	Sonstige Kosten:	Spenden:

	Pudel	Soll zahlen	Hat gezahlt	Offen	Sonstiges

Einnahmen heute:	Kassenstand heute:

Monat / Datum: ____________________

Name	Beitrag	Strafen	Alle 9	Kranz	

Abrechnung:

Kosten Kegelbahn:	Sonstige Kosten:	Spenden:

	Pudel	Soll zahlen	Hat gezahlt	Offen	Sonstiges

Einnahmen heute:	Kassenstand heute:

Monat / Datum: ______________________________

Name	Beitrag	Strafen	Alle 9	Kranz	

Abrechnung:

Kosten Kegelbahn:	Sonstige Kosten:	Spenden:

	Pudel	Soll zahlen	Hat gezahlt	Offen	Sonstiges

Einnahmen heute:	Kassenstand heute:

Monat / Datum: ______________________________

Name	Beitrag	Strafen	Alle 9	Kranz	

Abrechnung:

Kosten Kegelbahn:	Sonstige Kosten:	Spenden:

	Pudel	Soll zahlen	Hat gezahlt	Offen	Sonstiges

Einnahmen heute:	Kassenstand heute:

Monat / Datum: ______________________________

Name	Beitrag	Strafen	Alle 9	Kranz	

Abrechnung:

Kosten Kegelbahn:	Sonstige Kosten:	Spenden:

	Pudel	Soll zahlen	Hat gezahlt	Offen	Sonstiges

Einnahmen heute:	Kassenstand heute:

Name des Kegelclubs: ______________________________

Mitglied	Anschrift	Telefon	Geburtstag	

	Strafen	Alle 9	Kranz	Pudel	Datum	Kasse

Name des Kegelclubs: ____

Mitglied	Anschrift	Telefon	Geburtstag	

	Strafen	Alle 9	Kranz	Pudel	Datum	Kasse

humboldt

... bringt es auf den Punkt.

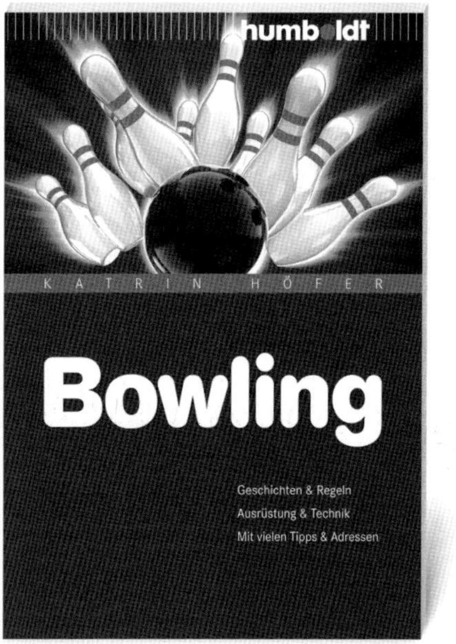

Katrin Höfer

Bowling

Geschichte & Regeln
Ausrüstung & Technik
Mit vielen Tipps & Adressen

2., aktualisierte Auflage

humboldt – Freizeit & Hobby
184 Seiten, 50 Abbildungen
12,5 x 18,0 cm, Broschur
ISBN 978-3-86910-162-0
€ 8,90

Bowling ist seit vielen Jahren ein beliebter Freizeitsport. Leicht verständlich erläutert dieser Ratgeber alles, was rund um das Bowling wichtig ist: Von der Ausrüstung über die richtige Technik bis hin zum korrekten Verhalten auf Bowling-Bahnen. Ein Lexikon erklärt alle Bowling-Begriffe von A–Z.

www.humboldt.de
Änderungen vorbehalten.